KB117476

내가 틀릴 수도 있습니다

I May Be Wrong

내가 틀릴 수도 있습니다

비욘 나티코 린데블라드 지음 · 박미경 옮김

I May Be Wrong

숲속의 현자가 전하는 마지막 인생수업

다산
호림

그의 원고를 다 읽고 난 뒤에 눈물이 나오려는 걸 참느라고 한참이나 창가를 서성였습니다. 루게릭병이라는 진단을 받고 돌아오는 길 그가 들었던 직관적인 내면의 목소리가 귓가에 울렸습니다. "지금까지 내가 진실하게 살 수 있도록 격려해줘서 고마워. 내 안의 아름다운 측면을 발휘할 기회를 많이 제공해 준 것도 정말 고마워." 우리도 죽음을 앞에 두고 자기 안에서 들려오는 이런 소리를 들을 수 있을까요?

— 도종환(시인, 전 문화체육부 장관)

우리 안에는 어떤 괴로움과 고난 앞에서도 마음을 고요하게 만들 잠재력이 있습니다. 여기, 긴 세월 숲속에서 마음을 닦은 나티코가 그의 경험을 바탕으로 모두의 삶을 이롭게 할 지혜를 전합니다.

— 달라이 라마

진정 솔직하고 진실한, 조금도 꾸밈없는 책이다. 『내가 틀릴 수도 있습니다』는 마음의 지혜를 다루지만 이 땅의 현실에 굳건히 뿌리내리고 있다. 어떤 책은 단어 사이사이에 손에 잡힐 듯한 평화를 품고 있어서 펼치면 당신 안에도 그 평화가 싹트게 해주곤 한다. 내가 한 자리에서 이 책을 읽으며 느꼈듯 말이다.

하지만 이 책을 천천히 읽으라고 권하고 싶다. 해가 따뜻하게 내리쬐는 오후처럼, 혹은 그윽한 한 잔의 차처럼 음미했으면 한다. 그리고 그 글이 당신 안에서 무엇을 부르는지 알아차리길 바란다. 우리의 매사 서두르는 세계에서 자꾸만 잊게 되는 그 고요한 존재를 느껴보기 바란다.

– 아디야산티(영적 스승)

심리서 한 무더기를 읽는 것보다 더 많은 위로와 지혜를 주는 책이다. 저자는 행운을 맞이했을 때 그랬듯, 닥쳐온 불운 또한 있는 그대로 받아들인다. 탁월하게 현명하고 겸손한 책이다.

–『데일리메일』

심오함과 다정함이 같은 깊이로 공존하는 책이다. 다시 돌아가고 싶은 부분을 접고 줄 그으며 읽다보니 모든 페이지를 접고 줄 그었다.

–『텔레그래프』

가장 소중한 것 단 한 가지

사원을 떠나 환속하고 나서 스웨덴으로 돌아온 뒤, 한 신문사와 인터뷰를 했습니다. 그들은 제 남다른 인생 여정을 자세히 알고 싶어 하더군요. 특히 왜 출세 가도를 달리던 삶을 버리고, 머리를 깎고 밀림으로 들어가 낯선 사람들과 지냈는지 궁금해했습니다. 대화를 나누다가 기자가 핵심을 찌르는 질문을 하나 던졌습니다.

"17년 동안 승려로 살면서 배운 가장 중요한 가르침은 무엇입니까?"

갑작스러운 질문에 당황해서 선뜻 대답하지 못했습니다. 무슨 말이든 해야 했지만, 이 질문에는 서둘러서 답변하고 싶지 않았지요.

제 맞은편에 앉은 기자는 인생의 영적인 면에 큰 관심이 있는 사람처럼 보이진 않았습니다. 제가 승려로 살면서 포기했던 것을 다 알려주면 충격받을 게 뻔했지요. 수행하는 동안 저는 돈 한 푼 쓰지 않았고 성교나 자위도 하지 않았으며 텔레비전이나 소설책을 접하지도 않았습니다. 술을 마시지 않았고 가족도 멀리했으며 휴일도 없었고 현대 문명의 이기를 누리지도 않았지요. 새벽 3시에 일어났고 하루 한 끼 주어진 음식을 주어진 만큼 먹으며 지냈습니다.

17년 동안.

자발적으로.

그렇게 해서 제가 무엇을 얻었을까요?

저는 대충 둘러대고 싶지 않았습니다. 제가 본 것을 곧이곧대로 전하고 싶었습니다. 그래서 잠시 말을 멈추고 제 내면을 깊숙이 들여다보았습니다. 얼마 지나지 않아 제 안에서 답변이 저절로 떠올랐습니다.

17년 동안 깨달음을 얻고자 수행에 매진한 결과,

머릿속에 떠오른 생각을 다 믿지는 않게 되었습니다.

그게 제가 얻은 초능력입니다.

누구에게나 있는 초능력이지요. 당연히 여러분에게도 있어요. 혹시라도 그 능력을 잃어버렸다면, 다시 찾아내도록 제가 이끌어줄 수 있습니다.

저는 영적으로 또 개인적으로 성장하고자 오랫동안 부단히 노력했습니다. 그 과정에서 배운 것을 함께 나눌 기회가 참 많았다는 점에서 저는 진정으로 복 받은 사람입니다. 그런 기회가 주어질 때마다 깊은 의미를 발견하곤 했습니다. 제게 주어진 많은 기회가 삶을 더 순조롭게, 저답게 살아갈 수 있도록 도와주었습니다. 바라건대 이 책이 여러분으로 하여금 삶을 더 순조롭게, 자기답게 살아갈 수 있게 도와주었으면 합니다. 이 책에 담긴 지혜 중 몇 가지는 제 삶의 중추였습니다. 생각보다 일찍 죽을 날을 받아 든 지난 몇 년간은 더욱 그러했지요. 여기가 모든 것이 끝나는 곳이 될 것입니다. 아니, 어쩌면 시작하는 곳이 될 수도 있고요.

차례

___

알아차리다

여덟 살 때였습니다. 스웨덴 남동부 해안에 있는 칼스크로나Karlskrona 외곽의 한 섬에 자리 잡은 할머니 댁에서 평소처럼 제일 먼저 일어난 뒤 혼자 어슬렁거리며 동생 닐스가 일어나길 기다렸지요. 그런데 부엌 창문을 바라보던 저는 우뚝 멈췄습니다. 제 안에서 들끓던 온갖 소음이 순식간에 가라앉았습니다.

사방이 고요해졌습니다. 창턱에 놓인 크롬 토스터가 너무 멋져서 저는 숨 쉬는 것도 잊었습니다. 시간도 멈추었지요. 아침 햇살을 받아 모든 게 아른아른 빛나는 것 같았습니다. 연푸른 하늘에서 솜털 구름 한 쌍이 미소를 지었습니다. 창밖에 우뚝 솟은 자작나무가 반짝이는 이파리를 흔들었습니다. 어디를 봐도 눈부시게 아름다웠습니다.

그때는 제가 느낀 것을 언어로 표현하지 않았는데, 지금은 왠지 하고 싶습니다. 마치 온 세상이 제게 '집에 온 걸 환영해'라고 속삭이는 듯했습니다. 이 행성에서 난생처음으로 마음이 더할 수 없이 편안했습니다. 아무 생각 없이 지금 여기에 온전히 존재하고 있었지요. 눈물이 고이고 가슴이 따뜻해졌습니다. 지금 생각해보면, 그것이 '감사'가 아니었을까 싶어요. 그 기분이 영원히, 적어도 아주 오랫동안 지속되길 간절히 바랐습니다. 물론 그 바람은 이뤄지지 않았지요. 그래도 그날 아침의 기억은 어제 일처럼 아주 생생합니다.

저는 마음챙김mindfulness이라는 용어가 편치 않습니다. 한순간도 마음mind이 진정으로 충만하다full고 느껴본 적이 없거든요. 늘 허전해서 누군가로 또는 뭔가로 채워졌으면 하는 공간이 남아돌고 있지요. 제가 추구하는 건 의식적 현존 상태, 즉 지금을 온전히 의식하며 살아가는 것입니다. 하지만 그렇게 표현하면 마치 조금도 긴장을 풀면 안 되는 힘든 일처럼 들립니다. 그런 이유로, 저는 알아차림awareness이라고 말하는 게 더 좋습니다.

우리는 점차 알아차리며, 그리고 알아차린 채로 머무르며, 알아차림과 하나가 됩니다. 칼스크로나에서 토스터 옆에 서 있던 그날 아침 제게도 알아차림이 일어났습니다. 그 느낌을 표현하자면, 뭔가 부드러운 것에 포근히 기대는 듯한 기분입니다. 생각, 느낌, 신체 감각 등 모든 것이 있는 그대로 존재합니다. 그 안에서 우리는 더 큰 존재가 됩니다. 우리 내면과 주변 세상에서 미처 의식하지 못하던 것들을 더 많이 알아차리게 됩니다. 그것은 보이지는 않아도 언제나 여러분 곁에 있는 친구처럼 굉장히 친밀하게 느껴집니다.

현재에 집중하는 정도는 물론 다른 사람과의 관계에도 영향을 끼칩니다. 정신이 딴 데 있는 이들과 시간을 보내는 게 어떤 느낌인지 누구나 잘 알 거예요. 항상 뭔가를 잊어버린 것처럼 찜찜하고 신경에 거슬리지요. 어린아이들을 만나면 우리 마음이 어떤 상태인지가 금세 드러납니다. 아이들은 우리가 그 순간에 온전히 존재하는지 아닌지에 대단히 민감합니다. 그래서 우리가 거짓으로 즐거운 양 꾸미거나 함께 있으면서도 딴생각을 하면 귀신같이 알아차리지요. 동물도 마찬가지입니다. 하지만 우리가 현재에 온전히 집중한다면, 뇌리를 스치는 온갖 사소한 생각에 마음을 뺏기지 않는다면, 사람들은 우리와 함께 있는 순간을 훨씬 더 즐거워합니다. 우리를 믿고 따르며 우리에게 관심을 기울이지요. 그때 우리는 주변 세상과 완전히 다른 방식으로 연결됩니다. 이미 다 아는 얘기라서 진부하게 들릴지도 모르겠습니다. 하지만 다 아는 사실이라도 완전히 잊어버린 채 살아가는 사람들은 얼마든지 있습니다. 겉으로 영리하고 그럴듯해 보이는 데 집착하느라 현재에 진정으로 존재하는 것이 얼마나 중요한지 잊고 사는 것입니다.

그날 아침, 온 세상이 제게

'집에 온 걸 환영해'라고 속삭이는 듯했습니다.

이 행성에서 난생처음으로

마음이 더없이 편안했습니다.

토마스 산체스 「바다 위의 구름」

가만히 있어도 불편한 삶

대학교를 골라 갈 수 있을 만큼 좋은 성적으로 졸업했지만, 딱히 장래 계획이 있는 것도 아니었습니다. 별생각 없이 유망하다는 학위과정을 몇 군데 지원했습니다. 공교롭게도 스톡홀름경제대학의 입학시험이 시행되던 8월 스톡홀름에 머물고 있어서 시험을 치기로 했습니다. 금융과 경제를 공부해서 대기업에 취직하는 것은 아버지가 걸었던 길이었지요. 꼬박 하루에 걸쳐 여러 과목의 까다로운 시험을 치렀습니다. 다행히 시험을 제법 잘 봤는지 몇 달 뒤에 합격 통지서를 받았습니다. 다른 계획이 없었기에 입학해도 손해를 볼 일은 없을 것 같았습니다. 경제학은 언제나 유용해서 수많은 기회의 문을 열어준다고들 했으니까요. 하지만 스톡홀름경제대학에 입학한 진짜 이유는 따로 있었습니다. 아버지가 저를 자랑스러워할 것 같았거든요.

스물세 살 때인 1985년 봄에 학위를 받았습니다. 스웨덴의 노동시장이 호황을 누리던 시기였습니다. 기업체는 인재를 선점하려고 학교를 졸업하기도 전인 학생들을 채용했습니다. 5월의 어느 화창한 저녁, 스톡홀름 중심부인 스트란드베옌의 고급 식당에서 저는 중견 투자 은행가와 마주 앉아 있었습니다. 저녁 식사를 하면서 면접을 보는 자리였지요. 저는 총명한 인상을 심어주는 동시에 음식도 먹으려고 온 힘을 기울였습니다. 제게는 늘 쉽지 않은 일이었지요. 식사와 면접이 무사히 다 끝나고 악수를 하는데, 면접관이 말했습니다.

"이보게, 자네는 분명히 다음 면접을 보러 런던 본사로 오라고 요청받을 걸세. 그런데 그 전에 자네에게 충고 한마디 해도 되겠나?"

"예, 얼마든지요."

"런던의 내 동료들과 면접을 볼 때는 업무에 좀 더 관심이 있는 척하게."

　그분이 어떤 의미로 하는 말씀인지는 물론 알아들었지만 막상 누군가가 저를 이렇게 꿰뚫어 보자 당황하고 말았습니다. 당시 저는 다른 제 또래 젊은이들처럼 어른이 된다는 것이 뭔지 알아내려고 애쓰고 있었습니다. 그러려면 결국 어설픈 대로 전력을 다하는 수밖에 없었지요. 때로는 관심이 없는 일에도 관심이 있는 시늉을 해야할 때도 있었습니다. 그날 밤엔 제 연기력이 상대의 기대에 미치지 못했나 봅니다. 그래도 일이 잘 풀려서 저는 몇 곳에 더 합격했고, 얼마 뒤 일을 시작했습니다.

　그로부터 몇 년이 지난 5월 어느 일요일 오후, 스웨덴에서 가져와 여기저기 긁힌 자국이 있는 붉은색 이케아 소파에 누워 있는데, 열린 창문으로 따뜻한 바닷바람이 살살 불어왔습니다. 거대 다국적기업의 에스파냐 지사에서 근무하고 있던 때였습니다. 회사에서 차량을 지원해주었고 전담 비서도 있었습니다. 출장 다닐 땐 비즈니스석을 이용했습니다. 해변에 멋진 집도 있었지요. 두 달 뒤엔 당시 스웨덴 최대의 가스업체였던 AGA 자회사의 역대 최연소 재무담당최고책임자가 될 예정이었습니다. AGA 사보에 제 특집 기사가 실릴 정도였으니 겉보기엔 확실히 성공 가도를 달리고 있었어요. 그때 제 나이가 겨우 만 스물여섯이었습니다. 주변에서 볼 때는 그림처럼 완벽한 인생이었습니다. 하지만 겉보기에 성공한 사람 대부분이 결국엔 깨닫게 되지요. 성공이 행복을 보장하지 않는다는 사실을요.

성공과 행복은 서로 다른 것이니까요.

다른 사람들의 눈에는 제가 인생을 능숙하게 살아나가는 것처럼 보였을 겁니다. 확실히 물질적으로나 직업적으로는 많은 것을 이룬 상태였습니다. 대학을 졸업하자마자 3년 동안 여섯 개 나라를 돌면서 치열하게 일했습니다. 하지만 매 순간 엄청난 의지력과 자제력을 발휘해서 겨우 버텨낸 거였죠. 저는 여전히 속내를 숨기고 재무관리에 관심이 있는 척했습니다. 우리는 무언가에 진심이 아니더라도 열심히 흉내를 내면 생각보다 무척 오래버틸 수 있거든요. 하지만 자제력만으로 더는 해낼 수 없는, 아니 해내고 싶지 않은 날이 옵니다. 한 사람의 일상에서 대부분을 차지하는 일은 우리 존재의 더 깊은 부분에 자양분과 활력을 공급해야 합니다. 그런 유형의 자양분은 흔히 성공에서 얻을 수 없습니다. 오히려 함께 일하는 사람들과 끈끈하게 이어져 있다는 느낌에서, 자신의 업무가 의미 있고 자기 재능이 어떤 식으로든 세상을 바꾸게 한다는 느낌에서 나오지요.

제 경우에는, 일하러 나가려고 빈틈없이 차려입고 반짝거리는 서류 가방을 집어 들면 마치 연극에 출연하려고 분장한 것 같았습니다. 아침마다 거울 앞에서 타이를 매고 엄지를 치켜세우며 이렇게 말하곤 했지요. "자, 오늘도 신나게 시작해볼까!" 하지만 속으론 이렇게 중얼거렸습니다. '기분이 별로야. 일하러 가기도 싫고. 일 생각만 하면 왜 이렇게 불안하지? 마음 한구석엔 늘 의심이 회오리처럼 몰아치는 것 같아. 내가 준비를 제대로 했을까? 기대에 부응할 수 있을까? 상사들이 나를 언제쯤 꿰뚫어 볼까? 내가 그냥 경제에 관심이 있는 척하고 있다는 걸 언제쯤 알아차릴까?'

붉은색 소파에 멍하니 누워 있던 그때, 그런 의심이 평소보다 더 세차게 밀려드는 것 같았습니다. 문득 스톡홀름경제대학에서 공부했던 책의 한 대목이 떠올랐습니다. '대기업 재무 담당자의 주요 동기는 무엇인가? 바로 주주의 이익을 극대화하는 것이다.' 그 순간 저는 제가 주주의 이익에 아무런 관심이 없다는 사실을 깨달았습니다. '그게 나한테 무슨 의미가 있지? 내가 주주를 한 사람이라도 만난 적이 있나? 설사 만났다 해도, 내가 왜 그 사람들의 재산을 최대한으로 불리는 데 전력을 기울여야 하지?'

머릿속은 그 주에 처리할 업무를 생각하느라 분주했습니다. 제 역량으론 도저히 감당하지 못할 것 같은 일도 있었습니다. 경영진 회의에서 마드리드 외곽의 탄산 공장 증설 안건에 대해 의견을 제시해야 했고, 스웨덴 본사에 분기 보고서도 제출해야 했지요. 아직 여유를 즐길 수 있는 일요일 오후였지만, 마음속에는 다가올 업무 때문에 불안이 가득해 가만히 있어도 쉬는 것 같지 않았습니다. 그게 어떤 기분인지 다들 알 겁니다. 그런 정신 상태에서는 모든 생각이 시커먼 필터를 통과하는 것과 같습니다. 무엇을 떠올리든 불안과 걱정, 허탈감과 무력감으로 이어집니다. 그때 제 마음이 말했습니다. '어떻게 하면 이런 기분에서 벗어날 수 있을까? 여기 누워서 암울한 생각만 계속하고 있어 봤자 나한테 좋을 게 하나도 없잖아.'

문득 그때 읽던 책이 떠올랐습니다. 실은 이미 세 번

째 읽고 있던 책이었지요. 상당히 난해한 내용이라 세 번이나 꼼꼼하게 읽었는데도 30에서 40퍼센트 정도밖에 이해하지 못한 듯했습니다. 『선禪과 모터사이클 관리술』이라는 책이었습니다.

사실 이 책은 선종 불교를 다룬 것이 아니었습니다. 그렇다고 모터사이클 정비 기술을 담은 것도 아니었어요. 모호하고 어렵기도 했지만 그 안에 담긴 사상이 신선하게 다가왔습니다. 그중에서 제가 어렴풋이 이해한 내용을 한 구절 꼽자면 다음과 같습니다. "인간 내면의 평화로운 것, 고요하고 차분한 것, 자꾸 떠오르는 갖가지 생각으로 말미암아 흐트러지지 않는 것. 그것이야말로 소중하며, 주목할 가치가 있다. 그와 같은 것들에는 보상이 따른다."

몇 번이고 읽다 보니 뭔가 깨달음을 얻은 것 같았습니다.

좋아, 그러니까 내가 지금 떠올린 온갖 생각이 나를 힘들게 하는 거구나. 그런 생각을 차단하기란 불가능한 것 같군. 긍정적인 자세로 받아들인다고 해도 그건 그냥 가짜겠지. 경영진 회의를 손꼽아 기다리는 척할 수는 없잖아? 그렇게까지 얄팍해질 수는 없다고. 내 생각에 빠져서 허우적 거리지 않고 마음의 평안을 얻으려면 뭘 어떻게 해야 하는 걸까?

책은 인간 내면에 존재하는 고요함을 찾는 것이 얼마나 중요한지를 강조했습니다. 그런데 도대체 어떻게 해야 찾을 수 있지요? 어떻게 해야 내면의 평온함 쪽으로 방향을 돌릴 수 있나요? 어떻게 해야 하는지 바로 파악할 순 없었지만, 자기 안에서 평온과 고요를 발견할 수 있다는 생각에는 무척 끌렸습니다.

평온을 찾는 데 명상이 좋다는 이야기를 들어본 적이 있었습니다. 그렇지만 명상이 실제로 어떻게 이뤄지는지에 대해서는 아는 게 거의 없었습니다. 명상하는 사람들이 호흡에 무척 집중하는 것으로 봐서는 호흡과 관련 있지 않을까 짐작하는 정도였지요. 딱히 힘들 것도 없을 것 같았습니다. 제가 알기론 저 또한 태어난 그 순간부터 줄곧 숨을 쉬고 있으니까요. 물론 명상하는 사람들은 평소에 제가 숨을 쉬는 방식과 다르게 호흡에 관여하고 또 그 호흡을 관찰한다고 들었습니다. 그렇다면 저도 그렇게 하면 되지 않을까요? 한번 시도해보기로 했습니다.

그래서 숨쉬기를 처음 하는 사람처럼 제 호흡을 추적하기 시작했습니다. "자, 이제 숨을 들이마시는 거야. 다마셨으면 다음으로 천천히 내뱉으면 돼. 다 뱉었으면 잠시 멈춰야지."

평생 해오던 일이라 식은 죽 먹기였다거나 호흡에 타고난 재주가 있었다고 주장하진 않겠습니다. 실은 정신이 흐트러지지 않도록 집중력을 유지하느라 무척 애써야 했습니다. 10분에서 15분 정도 계속하면서 호흡만을 생각하려고 아무리 애써도 제 마음은 자꾸만 다른 곳으로 달아났습니다. '경영진 회의에서 뭐라고 말해야 하지?' '저녁에 또 가스파초를 먹어야 하나?' '언제쯤 스웨덴으로 돌아갈 수 있을까?' '여자 친구가 왜 나를 찼을까?'

그러나 시간이 흐르자 점차 마음이 조금이나마 잠잠해졌습니다. 괄목할 만하거나 종교적이거나 신비한 변화를 느낀 것은 아니었습니다. 바쁜 일정 속에서 잠시나마 급박한 마감에 시달리지 않는 시기가 찾아왔을 때와 같은 느낌이었습니다. 그것만으로도 급류처럼 휘몰아치는 생각과 어느 정도 거리를 두기엔 충분했지요. 물 밖으로 고개를 내밀겠다고 미친 듯이 허우적거리지 않아도 됐습니다. 가슴을 짓누르던 압박이 살짝 느슨해졌어요. 갓가지 생각으로 불안해하는 사이사이에 평온을 유지하는 시간이 조금씩 길어졌습니다. 그저 존재한다는 느낌에 다가가게 되었지요. 이렇게 비교적 차분해졌을 때였습니다. 제 안의 고요한 공간에서, 어떤 생각이 불쑥 떠올랐습니다. 어쩌면 생각이라기보다는 충동에 가까울지도 모르겠군요. 갑작스럽게 제 안에서 튀어나왔거든요. 그것은 일련의 사고 과정에서 도출된 마지막 연결 고리도, 추론의 결과도 아니었습니다. 실마리나 전제가 아니라 완전한 결론이 되어 제 앞에 불쑥 나타났습니다.

'앞으로 나아갈 때가 됐어.'

마음을 정하는 데 5초도 걸리지 않았습니다. 직장을 그만두고 다 내려놓기로 마음먹자 속이 후련했지요. 그 결정은 위험하면서도 역동적으로 느껴졌습니다. 끓어오르는 에너지가 파도처럼 밀려와 온몸을 휘감는 것 같았습니다. 벌떡 일어나 덩실거리며 춤을 췄습니다. 그때 제 모습은 『정글북』에 나오는 갈색 곰 '발루' 같아 보였을 거예요. 흥겹고 신이 나 있었지요. 어깨너머로 곁눈질하면서 남들이 어떻게 생각할지 신경 쓰지 않고 스스로 내린 첫 번째 결정이었습니다.

며칠 뒤, 저는 사직서를 제출했습니다.

과거라는 목줄

스물여섯 살 때 에스파냐에서 고독을 견디다 절박한 마음으로 15분 동안 명상을 시도했던 일은 그 당시 제가 예상했던 것보다 더 큰 의미가 있었습니다. 그때 저는 당면한 불안감과 허무감을 달랠 무언가를 원했을 뿐이었습니다. 그 순간에 즉각적인 평안을 얻고자 멋모르고 시도해본 것에 불과했지만, 더 깊이 들어간다면 어떻게 될지 궁금해지게 만드는 시도였습니다. 제 안에서 속삭이는 현명한 목소리를 더 듣고 싶어졌습니다.

내면의 목소리에 귀를 기울였다고 해서 무슨 엄청난

각성을 했다거나 특별한 정신 상태에 도달했다는 뜻은 아닙니다. 다만 정신없이 휘몰아치는 생각의 소용돌이에서 잠시 벗어났지요. 그것만으로 놀라운 해방감을 느꼈습니다. 생각이 온전히 사라지진 않았지만 더는 그 속에 매몰되진 않게 된 것입니다. 마치 한 발짝 물러나 제 마음을 지켜볼 수 있게 된 것 같았지요. 그러자 내가 생각을 하는 것이지, 내가 곧 생각과 같은 것은 아니라는 것을 깨달았습니다.

물론 생각 그 자체가 문제는 아닙니다. 하지만 떠오르는 생각을 모두 무의식적으로 인지하고 무비판적으로 자신과 동일시한다면 심각한 문제입니다. 수행하지 않은 정신에서는 흔히 일어나는 일이지요. 우리의 정체성과 생각이 불가분의 관계라고 느끼는 것 말입니다.

긍정적 사고를 권장하려는 게 결코 아닙니다. 그럴 생각은 추호도 없습니다. 개인적으로, 긍정적 사고가 대단히 효과적이라고 보지도 않습니다. 무조건 긍정적으로 사고하려고 노력하는 것은 일시적인 눈속임에 머무르기 쉽습니다.

그럼 아예 아무 생각도 하지 않으려고 애쓴다면 어떨까요? 그럴 수만 있다면 얼마나 좋겠어요. 하지만 불가능하다고 감히 단언합니다. 우리 뇌는 애초에 부정형으로, 즉 무언가를 없애는 방향으로 사고할 수 없습니다. 다만 생각을 아예 하지 않을 수는 없다고 해도, 생각을 내려놓는 법을 배운다면 앞으로의 삶에 이루 말로 다할 수 없을 만큼 유익할 것입니다.

그렇다면 꼬리에 꼬리를 물고 이어지며 우리를 끊임없이 괴롭히는 생각을 어떻게 내려놓을까요? 일단 관심을 다른 데로 돌려야 합니다. 생각이 일어나도록 부추기는 유일한 요소는 바로 우리의 관심입니다.

꽉 쥐었던 주먹을 활짝 편다고 상상해봅시다. 이 동작은 어떻게 우리가 생각이든 물건이든 내려놓고 보내줄 수 있는지 고스란히 보여줍니다. 잠깐이라도 힘주어 붙들고 있던 무언가를 내려놓는 간단한 행위로 상상 이상의 효과를 거둘 수 있습니다. 가령 나를 계속해서 괴롭히던 고민 대신 호흡처럼 덜 복잡한 신체 활동으로 관심을 의식적으로 돌린다면, 내면의 혼란에서 잠시 벗어나 여유를 찾는 동시에 치유 효과도 누릴 수 있지요.

어쩌면 다음의 방법이 여러분을 도울 수 있을지도 모릅니다. 기꺼이 시도할 마음만 있다면 말이에요.

우리의 상반신은 일종의 물병과 같습니다. 숨을 들이마실 때는 몸 안에 물이 차오른다고 상상해보세요. 숨을 내쉴 때는 수위가 내려가서 병이 비워집니다. 숨을 들이마실 때는 물이 바닥에서부터 다시 차오릅니다. 호흡이 엉덩이에서 또는 더 바닥에서부터 시작된다고 상상해봅시다. 그런 다음 물이 배를 지나 가슴과 목까지 차오르는 기운을 느껴보는 겁니다.

밀려왔다가 밀려가는 이 파도에 자신을 잠시 내맡겨봅시다. 자세가 썩 편하지 않다면, 자기 몸에게 다정하고 부드럽게 물어보길 바랍니다. '어떻게 호흡하는 게 제일 좋니? 가슴을 조금 더 펴면 공기를 들이마시기가 더 편하니? 어깨를 살짝 내리면 어떨까?' 이 정도면 됐다고 느껴지는, 몸 속 깊이 편안하다고 느껴지는 순간이 옵니다.

당장은 이렇게 호흡만 하면 됩니다. 다른 일은 전혀 신경 쓰지 않아도 되지요. 휴가를 떠난 셈입니다. 전두엽의 스위치도 꺼버렸습니다. 이 순간, 책임질 일은 하나도 없습니다. 이 순간, 짜내야 할 기획안도, 제시해야 할 의견도 없습니다. 잊어서는 안 되는, 꼭 기억해야 하는 사항도 전혀 없어요. 여러분이 신경 쓸 일은 오로지 호흡뿐입니다. 원하는 시간 동안 호흡에만 집중하면 되는 겁니다.

일상에서 자기 자신에게 이처럼 몰입하고 관심을 기울이는 시간이 얼마나 되나요? 기회가 찾아왔다면 어딘가 어색하고 두려운 마음은 뒤로하고 시작해보길 바랍니다. 호흡으로 뭔가를 얻을 수 있어서가 아닙니다. 삶의 모든 부분을 차분하고 평온하게 바꾼다거나 내면의 희열을 맛볼 수 있어서도 아니에요. 특별히 영적인 사람이 되고 싶어서도 아닙니다. 단지 호흡이란 원래 그만큼 가치 있는 것이기에 거기에 주의를 기울여보자는 겁니다.

호흡과 관련된 중요한 어휘들을 생각해봅시다. 영감을 뜻하는 단어 '인스퍼레이션inspiration'에는 숨을 들이마신다, 즉 흡입吸入의 의미가 담겨 있습니다. 열망을 뜻하는 단어 '애스퍼레이션aspiration'에는 숨을 내쉰다, 즉 흡출吸出의 의미가 담겨 있습니다. 정신이나 활기를 뜻하는 '스피릿spirit'과 '스피리추얼spiritual'의 어원도 숨을 쉰다는 뜻을 가진 라틴어에서 출발했습니다. 이런 언어들의 관련성이 단순한 우연은 아니라고 생각합니다. 우리 본연의 생기와 힘을 느끼며 살아가고 싶다면 일상적으로 호흡에 주의를 기울여야 합니다.

태국의 대선사이자 제가 수행했던 숲속 사원의 주지였던 아잔 차Ajahn Chah 스님은 이렇게 말했습니다. "태어

나서 죽을 때까지 한 번도 자기 몸을 드나드는 호흡을 의식하지 못하는 사람들이 있습니다. 이들은 그만큼 자기 자신에게서 멀리 떨어져 사는 것입니다."

관심을 어디로 기울일지 선택하는 게 뭐 그리 어려울까 싶겠지만, 참으로 어려운 일임을 솔선해서 인정하겠습니다. 처음 호흡에 집중하려고 시도할 때, 우리 마음은 대부분 요요처럼 정신없이 움직이거든요. 몇 차례 호흡을 따라가는가 싶다가도 사소한 일에 주의력이 흐트러지고 맙니다. 그러면 우리는 참을성 있게 관심의 끈을 다시 당겨야 합니다. 당기고 또 당기기를 몇 번이고 반복해야 하지요. 우리 마음은 지칠 줄 모르고 전혀 예상치 못한 방향으로 치닫습니다. 하지만 우리 역시 집중력이 흐트러질 때마다 결국 또 길을 잃었다는 것을 알아차립니다. 그럴 때마다 우리가 해야 할 일은 자신을 꾸짖거나 이번에는 어느 정도 해냈는지를 평가하는 것이 아닙니다. 다만 또다시 흐름을 놓쳤다는 것에 주목한 뒤, 그 생각을 내려놓고 원래 집중하려던 대상으로 차분히 관심을 돌려야 합니다.

중간에 그만두고 싶을 수 있습니다. 하지만 꿋꿋이 버틸 만한 가치가 있지요. 호흡에 집중할 수 있게 된다는 건 개개인의 삶에선 별로 돋보이지 않는 몸짓일지라도, '인류의 집단적 알아차림'이라는 진화적 측면에선 꼭 필요하고도 귀중한 단계이기 때문입니다.

태곳적부터 어느 종교에서든 차분히 내면에 귀를 기울여야 한다고 강조해왔습니다. 그 중요성은 불교나 명상에만 국한된 것이 아닙니다. 오히려 이것은 인간답게 존재하기 위한 일입니다.

우리는 누구나 생각을 내려놓을 능력이 있습니다. 관심을 어디로 돌릴지 또 우리에게 해를 끼치는 일에 얼마 동안 관심을 기울일지 선택할 능력도 있지요. 여러분에게도 당연히 그런 능력이 있습니다. 다만 약간의 연습이 필요할 뿐입니다. 그 잠재된 능력을 무시하거나 아예 잃어버린다면, 우리 삶은 여태까지 몸에 깊이 밴 행동과 관점에 좌우됩니다. 모든 결정을 습관적으로 내리게 되지요. 이를테면 과거에 목줄이 묶여 끌려다니는 것이나 마찬가지이지요. 결국 우리는 같은 트랙을 계속해서 돌고 또 돌게 됩니다. 그런 삶은 자유롭지 않습니다. 그 안에는 존엄도 품위도 없습니다.

그렇다면 목줄을 끊어내기가 쉬울까요?

쉽지 않습니다.

그래도 최선을 다할 만한 가치가 있을까요?

물론이지요.

토마스 산체스 「섬의 명상자를 보다」

우리는 누구나 생각을 내려놓을 능력이 있습니다.

다만 약간의 연습이 필요할 뿐입니다.

카라마조프가의 형제들

상사의 사무실 문을 두드리고 들어가서, "아무래도 일이 계획대로 흘러가지 않을 듯합니다. 전 이쯤에서 그만두겠습니다"라고 갑자기 말하는 게 아주 쉽지는 않았습니다. 아울러 부모님에게 전화해서, "네, 그만뒀어요. 아뇨. 다른 계획 따윈 없어요"라고 말하는 것은 조금 더 어려웠습니다.

퇴사하고 나서 한 달이 지난 뒤, 예테보리로 돌아와 서민층이 주로 거주하는 마요르나Majorna 구역에서 원룸을 하나 빌렸습니다. 그런 다음 어느 식당에서 접시 닦는 일을 시작했습니다. 첫날 싱크대 앞에 서 있는데 뒤에서 다른 직원들이 쑤군거리는 소리가 들렸습니다. "야, 접시닦이가 새로 들어왔네. 이 자식은 스웨덴어를 한마디라도 알아들을까?" 속에서 제 자존심이 비명을 질렀습니다. '내가 이래봬도 얼마 전까진 상당히 중요한 사람이었다고!'

얼마 뒤 문학 공부를 시작했습니다. 하루는 전차를 타고 캠퍼스로 가는 길에 낯선 광고판이 보였습니다. '정신건강 전화상담서비스'를 새로 개설한다는 광고였지요. 자원봉사자로 참여하면 어떨까 싶어 선뜻 신청했습니다. 6주 동안 일요일마다 교육을 받고 나서 매주 목요일 밤에 네 시간씩 전화 상담을 배정받았습니다. 상담 초기엔 어떻게든 조언을 해주려고 애썼습니다. 하지만 시간이 갈수록 입을 다물고 그저 열린 마음으로 차분히 귀를 기울이게 됐습니다.

그제야 처음으로 고향 마을의 어두운 측면과 마주했습니다. 외로움과 곤궁. 절망감과 무력감. 그 무게 앞에서 종종 출근이 꺼려지곤 했습니다. 하지만 막상 상담을 마치고 나면, 제 가슴을 울리던 상대와 나눈 온기 덕분에 늘 한 뼘은 더 자란 것처럼 느껴졌습니다. 처음에 자기에게 주어진 삶의 무게 때문에 울었던 사람들은 이제 고마움으로 말미암아 울게 되었습니다. 누군가가 마침내 자신의 말에 귀를 기울여준 까닭이지요. 그중 어떤 이들은 다른 사람에게서 이런 관심을 받아본 것이 수십 년만의 일이라고 하더군요. 이때 한 가지 중요한 것을 배웠습니다. 다른 사람들과 함께하고 그들을 돕는 일은 그 자체로 저에게 무한한 보상이 된다는 것입니다.

1년간 문학을 공부한 뒤, 더 넓은 세상을 탐색해보기로 했습니다. 그러던 중 인도로 건너가 국제연합의 세계식량계획World Food Programme을 집행하는 재무관리자로 일하게 되었지요. 이상주의적 희망에 들뜬 서양 젊은이가 인도에 도움을 주러 갔다가 오히려 인도에서 더 많은 도움을 얻었다는 사례의 전형이었습니다. 그곳에 머물던 1년 동안, 배낭을 메고 동남아시아 일대를 돌아다녔습니다. 3주 내내 히말라야산맥을 오르내리기도 했지요. 가히 환상적인 곳이었습니다. 어렸을 때부터 산이라면 아무조건 없이 좋아했습니다. 산에 있을 때면 제가 있어야 할 곳에 온 것처럼 편안하고 자연스러웠거든요. 여전히 높은 봉우리에 오르면 마냥 행복합니다. 그러니 웅장한 히말라야산맥의 산괴山塊를 날마다 걷고 또 걸으면서 제가 얼마나 행복해 했을지 상상할 수 있겠죠.

장기간 산행해본 적이 있다면 아마 비슷한 경험을 해 보았을 겁니다. 복잡하던 삶이 나날이 단순해지지요. 결국엔 날씨와 몸, 음식, 음료, 휴식으로 압축됩니다. 저 역시 아침에 배낭을 메면 지구 끝까지 걸어갈 수 있을 것 같았습니다. '그래, 이게 내가 하고 싶은 일이야.' 아무도 저를 꺾을 수 없을 것 같았지요.

말은 이렇게 했지만, 저는 역사상 가장 멍청한 배낭여행자가 아니었을까 싶습니다. 안 그래도 무거운 배낭에 도스토옙스키의 『카라마조프가의 형제들』 양장본을 넣고 다닐 만큼 허세 가득한 여행자는 저밖에 없었을 겁니다. 당연하게도, 밤에 천막을 치고 나면 예외 없이 너무 피곤해서 한 글자도 읽지 못했지요.

한 달 가까이 이어진 산행을 마무리하고 네팔의 수도 카트만두로 돌아왔습니다. 배낭여행객들이 즐겨 찾는 중간 기착지였습니다. 하루 세끼 모두 쌀과 렌틸콩을 넣은 스튜만 몇 주 내내 먹었던 터라 시내에서 제일 맛 좋은 크루아상을 제공할 것 같은 식당을 찾아가 호화로운 아침 식사를 주문했습니다. 때마침 아주 아름답고도 도

전적인 분위기를 풍기는 케이프타운 출신의 의대생이 제 맞은편에 앉았습니다.

이름은 헤일리라고 했습니다.

저는 이성에게 다가가는 법을 잘 몰랐던 제 자신이 한심했습니다. 하느님이 그 비법을 담은 책을 나눠주던 날 늦잠이라도 잤나 봅니다. 그런데 그날은 어쩐 일인지 말이 술술 나왔습니다. 아침 식사는 네 시간 동안 이어졌습니다. 저는 자리에서 일어나기도 전에 앞에 앉은 수다스럽고 흥미로우며 또 만만치 않은 여성과 사랑에 빠졌다는 확신이 들었습니다. 더 놀라운 건 헤일리도 마찬가지였다는 것입니다. 며칠 뒤, 우리는 함께 태국으로 놀러 가서 몇 주 동안 영화같이 아름답고 순수한 해변 로맨스를 즐겼지요. 그렇지만 결국엔 저는 헤일리에게 차이고 말았습니다.

꿈같은 나날을 2주쯤 보냈을 무렵, 제가 헤일리를 좋아하는 만큼 헤일리가 저를 좋아하지 않을지도 모른다는 걱정이 슬며시 고개를 들었습니다. 사소한 걱정이 엄청난 두려움으로 변하는 건 순식간이었습니다.

'헤일리가 나를 떠나면 어떡하지?'

이런 의심이 들기 시작하자 가슴속에서 뭔가가 맺히

는 것 같았습니다. 작은 덩어리는 급격하게 커져서 제 감정을 점점 더 차단했지요. 갑작스러운 행복은 오히려 두려움을 낳았고, 두려움은 두꺼운 방어막을 세워서 감정을 느끼지도 표현하지도 못하게 했습니다. 감정을 제대로 발산하지 못하면 장난기와 유쾌함, 익살스러움은 사라지고 행동거지는 점점 더 부자연스러워집니다. 말을 잃고 몸은 경직됩니다. 확실히 저는 그렇습니다. 이래서는 안 된다고 속으로 끝없이 되뇌었지만, 그럴수록 혀도 몸도 더욱 굳어졌고 그동안 오해는 더 깊어졌습니다. 마침내 제 두려움이 현실이 되었습니다. 헤일리가 아주 부드럽고도 사려 깊은 태도로 저와 헤어지겠다고 말했을 때, 제가 짜낼 수 있는 답변은 고작 이게 다였습니다. "그래, 내가 지금의 나 같은 놈과 사귀었다면, 나도 그놈이랑 헤어졌을 거야."

전에도 몇 번 차였던 적이 있었지만, 과거의 경험은 새로운 아픔을 조금도 덜어주지 못했습니다. 때때로 이별은 사람들에게 가장 깊은 상처를 남기기도 합니다. 게다가 저는 그 아픔 앞에서 의연하기보다는 멜로드라마의 주인공처럼 유난스럽게 힘들어하는 편이었지요. 물론 이별의 아픔을 유독 뼈저리게 느끼는 사람이 저뿐만이 아니라는 것은 이제 알고 있습니다.

그리하여 저는 태국의 한 해변에 막 버려졌습니다. 그 어느 때보다 더 외롭고 비참했지요. 게다가 그곳은 배낭 여행객이 즐겨 찾는 장소였습니다. 어디를 봐도 아무 근심 없이 뜨거운 햇볕에 몸을 태우며 흥겹게 모험을 즐기는 젊은이 천지였고, 모두 눈부시게 행복해 보였습니다.

그 속에 제가 있었습니다. 손때 묻은 도스토옙스키 책 뒤에 숨어, 삼라만상을 아우를 심오한 사상을 갈구하는 사람처럼 보이려고 애썼지요. 그렇게 며칠을 버텼습니다. 하지만 아무리 발버둥 쳐도 우울을 떨칠 수 없었습니다.

저를 삼킬 듯 차오르는 어두운 감정을 다스릴 방법이 도무지 떠오르지 않았습니다. 정말 아무런 생각도 떠오르지 않았습니다. 이럴 때 어떻게 해야 할지 도무지 알 수가 없었습니다. 그러고 보니 황당하다는 생각이 들었습니다. '정말 이상하지 않아? 16년 동안 온갖 교육을 받았는데, 삶이 힘들 때 뭘 어떻게 해야 하는지에 대해서 배운 건 하나도 없다니!'

누구나 이따금 길잡이가 필요합니다. 살면서 한 번도 힘든 시절을 겪지 않는 사람은 없습니다. 살다 보면 누구나 극도로 외롭거나 무기력하거나 소외되거나 오해받거나 부당한 대우를 받는다고 느끼는 시기가 있습니다. 폭풍이 몰아칠 때는 붙잡을 만한 것을 찾아내서 우리 자신을 거기에 붙들어 매야 합니다. 밖에서 찾을 수도 있고 우리 안에서 찾을 수도 있습니다. 찾으면 더 좋지요.

편하게 살아오다가 상심한 젊은이가 어떻게 머리를 깎고 절에 들어갔는가. 이 대목을 쓰고 보니, 꽤나 상투적이고 진부한 이야기처럼 들릴지도 모르겠습니다.

하지만 실제로 그랬지요. 저는 스스로 무엇을 원하는지, 그리고 자기 마음을 어떻게 다뤄야 할지도 모르는, 번민으로 가득한 어린 중생이었습니다. 하지만 남들이 보기에 사소한 일에도 당사자는 죽을 듯이 고통스러울 수 있다는 것도 인생의 진실이지요. 그때까지 종교에 어떤 관심도 없었지만, 그 당시의 제가 마음의 고통 앞에서 지극히 무력하다는 것만은 너무나도 분명했습니다. 무슨 짓이라도 해야 했습니다. 누구에게든 도움을 청해야 했습니다. 그게 부처님이라면 괜찮은 출발점 같았습니다.

사원에 첫발을 내딛다

　태국 북부에 있는 어느 사원에서 영어로 한 달짜리 명상 과정을 진행한다기에 주소를 알아봤습니다. 예전에 명상을 한두 번 시도해보긴 했지만 진짜 명상이 어떤 것인지는 제대로 알지 못했습니다. 그나마 예전에 여행을 다니면서 불교 승려들을 본 적이 있었는데, 새벽에 바리때(승려의 공양 그릇)를 들고 마을을 돌아다니며 탁발하는 그들의 모습은 참으로 느긋하고 편안해 보였습니다. 꼭 승려가 아니더라도 태국인에게는 전반적으로 제 마음을 사로잡는 묘한 특성이 있었습니다. 다들 현재 처한 삶을 그대로 받아들이는 듯 평안해 보였습니다. 그들의 말과 행동에는 스웨덴에서 태어나 살아가면서는 별로 접하지 못했던 여유와 안정감이 묻어났습니다.

어렸을 때부터 제 안에선 늘 뭔가 부족하다고 속살거리는 목소리가 들렸습니다. 말귀를 못 알아듣거나 실수를 저지르는 등 당황하거나 멍청한 짓을 저지를 때마다 그 목소리는 더 커졌습니다. 반면에 무언가를 성공적으로 해냈을 때는 잠잠해졌고요. 당시에도 저는 그게 저라는 개인의 문제가 아니라 문화적 소산임을 알고 있었습니다. 제가 자란 세상에서는 가혹한 내적 비평가의 끊임없는 불평에 시달리는 사람이 많았습니다. 의도치 않게 지극히 사소한 실수를 저지를 때조차 가차 없이 비난을 던지는 목소리와 함께 살아가는 것이죠. 이런 환경의 사람들은 자신이 기대에 비해 부족하다는 느낌과 언젠가 그 부족함을 남들에게 '들킬 것 같은' 두려움을 안고 살며, 다른 이들이 자기 실체를 알면 경멸당할 거라고 믿습니다. 그래서 본 모습을 들키지 않으려고 갖은 요령을 부립니다. 그렇게 살아가는 것은 당연히 주변 세상과 상호작용하는 방식에도 큰 영향을 끼치지요. 그때 만난 태국 사람들과 대조해보니 이와 같은 특성은 더욱 두드러졌습니다.

쉽게 설명하자면 태국 사람들은 제가 자란 문화권의 사람들보다 자기 자신을 훨씬 더 좋아하는 것 같았습니다. 세상이 자신을 있는 그대로 환영한다고 진심으로 확신하는 서양인은 별로 만나본 적이 없었거든요. 태국 사람들은 어떤 모임에 참석하더라도 내가 여기에 있어도 될까, 나를 싫어하거나 예의가 없다고 생각하지 않을까, 하고 걱정하지 않는 것 같았습니다. 당연히 자신을 환영해주리라고 확신하며 이렇게 말하는 것 같았지요. "어이, 내가 왔어! 반가운 일이지! 내가 끼니까 더 즐겁잖아. 다들 내가 와서 기쁘겠지. 당연한 소리지만 다들 나를 좋아할 거라고 믿어 의심치 않아!" 다소 과장해서 묘사하긴 했지만 저는 태국인에게서 그와 같은 인상을 받았습니다. 그런 스스럼없는 태도가 부럽고 좋았지요.

명상이 주는 혜택에 터무니없이 큰 기대를 안고서 사원에 도착했습니다. 치앙마이Chiang Mai 공항 외곽의 작고 번잡한 마을에 있는 사원이었지요. 벼룩투성이 개들이 사방에서 컹컹 짖으며 음식물 찌꺼기를 받아먹으려고 얼쩡거렸습니다. 게다가 사원 앞에선 지역 음악 축제라도 열리고 있는 것인지, 때때로 전자음악이 연주되고 젊은

이들은 무대에서 흥겹게 춤을 추었습니다. 제가 명상 과정을 듣기로 되어 있는 곳 바로 옆이었지요.

승려들은 줄곧 담배를 피우고 한담을 나누면서 소일하는 것 같았습니다. 명상을 하는 사람은 다 저 같은 서양인뿐이었습니다. 우리는 주변 분위기와 상관없이 사뭇 진지했습니다.

명상 수련 과정에 두 번째로 참여하던 날, 제 생각이 어떠했는지 비교적 정확하게 묘사하면 다음과 같습니다.

자, 시작해볼까. 45분 동안 방해받지 않고 마음챙김의 세계로 들어가는 거야. 호흡만 잘하면 돼. 그간의 절망은 이곳에서 다 떨쳐내고 새로운 사람으로 거듭나는 거야. 어쩌면 헤일리를 되찾을 수 있을지도 몰라. 숨을 들이마시고 내쉬고. 그나저나 오늘 점심은 뭘까? 어제 나왔던 음식은 고향에선 개도 안 먹을 정도로 형편없었어. 그런데 이 근처에는 나무마다 뜨거운 햇살을 받아 잘 익은 열대 과일이 주렁주렁 매달려⋯. 아니, 아니, 집중해. 숨을 들이마시고 내쉬고. 아, 그런데 커피는 진짜 아쉬웠어. 가만 생각해보니, 어이가 없네! 우리 같은 서양인 배낭족들이 자금을 대니까 이곳이 돌아가는 걸 텐데. 모금함은 우리가 다 채워주는

데, 네스카페 하나 변변히 대접하지 않는다니! 괜찮은 이탈리아산 커피메이커를 하나 갖춰놓으면 투자금쯤은 금세 회수할 텐데. 코르타도(에스파냐의 전통적인 우유를 넣은 커피), 카푸치노…. 이런, 내가 지금 뭐 하는 거지? 명상하면서 더 높은 경지에 도달해야 하는데, 이런 쓸데없는 생각에 관심을 빼앗기다니. 누가 나한테 사원 식단을 신경 쓰라고 했나? 그나마 아무도 못 들어서 다행이네. 난 누구보다 진지하게 명상해야 할 사람이야. 정신 차리고 다시 호흡에 집중해. 내 몸을 느껴보자. 다 내려놓고. 부처님은 내려놓는 걸 좋아하셔. 이제, 본격적으로 시작하는 거야. 들이마시고 내쉬고…. 그런데 왜 이렇게 지루하냐! 뭔가 일어나야 하는 거 아냐? 설마, 이게 다라고? 내 안에서 불꽃이 터지려면, 천상의 쾌락에 도달하려면 얼마나 더 기다려야 하는 거야? 난 준비가 다 됐다고!

명상을 진지하게 시도해보면 놀라운 사실을 깨닫게 됩니다. 지금까지 아무리 합리적이고 이성적이며 분별 있고 실용적인 사람이라고 자처하는 사람일지라도, 알고 보면 대부분 사고 과정이 이리저리 날뛰는 서커스의 원숭이처럼 제멋대로 오락가락하는 생각들로 이뤄져 있다는 걸 말입니다. 많은 이가 명상을 처음 시작할 때는 마음이 금세 고요해질 것이라고 생각합니다. 하지만 전혀 그렇지 않습니다. 잠깐 동안은 그럴 수 있지만, 정말 잠깐뿐입니다. 죽은 사람의 마음만이 계속해서 고요할 수 있지요. 살아 숨 쉬는 한 우리는 두뇌를 쓰기 마련인데, 본래 어떤 안을 구상하고 그 안을 다른 안과 비교해서 새로운 안을 재구성한 뒤 그것에 또다시 의문을 제기하는 것이 두뇌의 일이니까요.

우리 머릿속에서 전혀 검열되지 않은 채 불쑥불쑥 떠오르는 생각을 직면하면 당황해서 겁을 먹거나 실망하기 쉽습니다. 남들이 우리 마음을 읽을 수 없어서 그나마 다행이지요. 아마 그들도 우리와 다르지 않다는 사실에 안심할 테지요. 자연스러운 일입니다. 남들도 다 그렇다면 이상할 게 없습니다. 우리는 그저 머릿속에 떠오르는 것들은 생각일 뿐, 진실은 아니라는 사실을 이해하기만 하면 됩니다. 아울러 내면에서 벌어지는 생각의 곡예에 주목할 줄 아는 것은 유용한 기술입니다. 그래야 필요할 때 그런 생각을 한 발짝 떨어져서 바라볼 수 있기 때문이지요. 우리는 생각을 덜 심각하게 받아들이는 법을, 그 생각에 더 냉철하게 접근하는 법을 배울 수 있습니다. '아,

희한한 생각이 또 떠올랐군. 괜찮아. 어차피 난 그 생각을 놓아버릴 거니까.'

저는 이제 막 내면을 탐사하기 시작한 사람들과 이야기 나누기를 좋아합니다. 그들은 방금 그들의 머릿속이 얼마나 혼돈에 빠져 있었는지를 발견하고 자신과 자기 생각 사이에 거리를 두려 하는 사람들이지요. 머지않아 반드시 더 겸허해질 준비가 되어 있어요. 또한 자기 자신과 자기 신념을 너무 심각하게 여기지 않는 사람들과 함께 있는 것도 즐겁습니다. 우리는 서로 통하는 게 많지요. 말하지 않아도 이런 대화가 오가는 것만 같습니다. '난 아직 마음을 다 비우지 못했어요. 당신도 아직 마음을 다 비우지 못했군요. 난 그렇게 이성적인 사람이 아니에요. 당신도 그렇게 이성적인 사람이 아니군요. 난 이따금 엉뚱한 생각에 빠지곤 해요. 당신도 그렇군요. 난 어떤 일에 지나치게 감정적으로 반응하곤 해요. 당신도 마찬가지죠.'

자신의 사고 과정을 한 발짝 떨어져서 바라볼 줄 알게 되고 다른 사람들도 자기와 똑같은 처지에 놓여 있다는 사실을 깨닫게 되면, 우리를 갈라놓는 것보다 우리가 공유하는 것을 더 쉽게 알아차릴 수 있습니다. 우리가 어떤 사람이든 어디에서 왔든 어떤 이력을 지녔든 간에 우리의 내면이 작용하는 방식은 대체로 닮았습니다. 그 사실을 깊이 받아들이고 잊지 않는다면, 더는 모든 것을 완벽하게 파악한 양 시늉하느라 기진맥진하지 않아도 됩니다. 그 대신 다른 사람과 서로 돕고, 나누고, 진정으로 만날 수 있게 됩니다. 인공위성처럼 고독하게 홀로 부유하지 않는 대신, 다른 사람과 치열하게 경쟁하는 대신, 서로의 존재가 위안이 되는 관계를 맺을 수 있습니다. 실패를 두려워하지 않고 서로 배우며 살아갈 수 있습니다. 남들의 아름답고 뛰어난 점을 발견하고도 자신이 그들만 못하다는 내면의 속삭임에 더는 시달리지 않을 수 있습니다.

떠오르는 생각을 다 믿지 않는다

한 달짜리 명상 수련 과정이었지만, 나흘 만에 도망치듯 사원에서 나왔습니다. 저는 쉽게 포기하는 사람이 아닙니다. 스톡홀름경제대학에 입학할 때부터 졸업할 때까지 흥미를 느끼는 강좌가 단 하나도 없었지만 3년 과정을 끝까지 마친 것만 봐도 분명합니다. 1987년엔 연습 경기만 겨우 아홉 번 뛰고서 35도로 펄펄 끓는 날씨에 세비야 마라톤을 완주하기도 했지요. 당시 입었던 두툼한 면 티셔츠에 젖꼭지가 쓸려서 지금도 생생할 정도로 아팠는데도 말이에요. 그랬던 제가 이번에는 중도에 포기했던 겁니다.

네 번째 날 저녁, 치앙마이 시내에서 포도주를 한 병 시켜놓고 뭐가 잘못됐는지 곰곰 생각했습니다. 이게 왜 그리 힘들었을까요?

나무 판때기에 누워 자는 건 참을 만했습니다. 말을 못 하는 것도 견딜 수 있었지요. 꼭두새벽에 일어나는 것도 괜찮았습니다. 형편없는 음식이나마 배불리 먹지 못하는 것도 넘어갈 수 있었습니다. 하지만 사실상 아무런 제지도 받지 않은 채 쉼 없이 떠들고 울먹이고 비난하고 비판하고 독설을 날리고 의문을 제기하고 불평을 일삼는 내 생각과 홀로 마주하는 것, 그것은 참을 수 없었습니다. 제가 아무리 진정시키려 애써도 제 마음은 끊임없이 인신공격과 자기 회의로 반격을 가했습니다.

그 와중에 제 안에서 뭔가가 깨어나긴 했습니다. 더는 이런 식으로 살고 싶지 않다는 마음이 분명해진 것입니다. 자기 자신을 즐거운 마음으로 마주할 수 없다면 보통 문제가 아닙니다. 결국 그 자리에서 저 자신과 협상을 시도했습니다. '앞으론 일단 나 자신이 좀 더 견디기 쉬운 사람이 되는 거야. 내 본모습을 좀 더 편하게 대하는 사람, 내 생각에 지배되지 않는 사람, 그리고 언젠가 나 자

신과 좋은 친구가 될 수 있는 사람 말이야.'

어떻게 하면 그런 사람이 될 수 있을지 어느 정도 감은 있었습니다. 더는 제 인생이 통제할 수 없는 내부와 외부 상황에 전적으로 달린 것 같지 않았습니다. 그리고 적어도 슬픔이나 불안감이나 외로움이 밀려들 때 호흡에 집중하면 좋다는 사실은 체득했습니다. 제 의식을 정면으로 바라보고, 머릿속에서 떠오르는 온갖 생각을 아무 의심 없이 믿지는 않게 되었지요.

그것이 부처님의 첫 번째 선물입니다.

얼마 뒤 결국 4주 과정을 마치려고 그 시끌벅적한 작은 마을의 사원으로 돌아갔습니다. 제가 내린 제일 힘든 결정이었습니다. 중간에 두 번이나 더 포기하고 다시 돌아간 끝에 기어이 끝까지 마칠 수 있었습니다. 타낫Thanat이라는 중국인 스승이 있었는데, 그만두겠다고 할 때마다 웃으며 위로해주셨지요. 따끈한 두유를 건네며 이렇게 말했습니다. "이거 마시고 한잠 푹 자도록 해요. 당신은 이걸 하려고 먼 길을 왔어요. 어쩌면 내일 아침에는 마음이 바뀔지도 몰라요." 실제로 매번 바뀌었습니다. 부처님이 왜 인생의 무상함을 그토록 강조했는지 어렴풋이 알 것 같았습니다. 영원한 것은 없습니다. 힘든 시절조차 영원히 지속되진 않지요.

그것이 부처님이 준 두 번째 선물입니다.

스웨덴으로 돌아와서도 아침저녁으로 명상을 계속했습니다. 마침내 제 내면세계를 여는 열쇠를 받아든 것 같았습니다. 제 안에 무엇이 들었는지 서서히 느껴지기 시작했습니다. 받아들이기 어려웠던 일들을 직면할 때마다 마음속의 벽이 조금씩 스러졌습니다.

여기저기 흩뿌려진 관심을 거둬들이고 선택한 곳으로 주의를 쏠리게 하는 것. 진정한 고통 앞에서 우리가 할 수 있는 최선은 이것뿐입니다.

그것이 부처님이 준 세 번째 선물입니다.

"떠오르는 생각을 다 믿지는 말라." 살면서 이보다 더 도움이 됐던 말은 별로 없습니다. 안타깝게도 우리는 이 타고난 초능력을 간과한 채로 살아갑니다. 자기 생각에 의심을 품으며 조금은 거리를 두거나 우스갯거리 삼아 가볍게 접근한다면 자기답게 살아가기가 무한히 쉬워지는데 말이지요.

그렇다면 우리가 마음속에 떠오르는 온갖 생각을 무조건적으로 믿지 않을 때 무엇을 얻을 수 있을까요?

그때 우리는 자기 내면에 참된 친구이자 소중한 동반자를 두게 되는 것입니다. 그는 언제나 여러분과 함께하며 절대적으로 여러분의 편이지요. 떠오르는 생각을 거르지 못하고 다 받아들일 때, 우리는 지극히 연약한 존재가 되어 수시로 상처받습니다. 인생의 어떤 영역에서든 마찬가지입니다. 제 상처에 신경 쓰느라 지혜로운 선택도 내리지 못하게 됩니다. 자기 생각을 모두 믿어버린다면 우리 삶에서 가장 암울한 순간에 바닥이 없는 심연으로 빠져들게 되지요. 말 그대로 스스로를 죽음으로 몰아넣을 수 있습니다.

떠오르는 생각을 다 믿는 삶에서 존엄은 어디에 있을까요? 자유는 또 어디에 있을까요? 우리가 어떤 생각을 할 때 그 생각은 대부분 의도치 않게 생깁니다. 그런데 우리는 망망대해에 홀로 떠 있는 섬이 아닙니다. 우리는 그간에 길러진 방식, 그동안 경험한 것들, 이 세상에 태어날 때 타고난 것들, 우리가 속한 문화와 환경 그리고 인생 여정에서 마주치는 메시지들의 영향을 받아 형성됩니다. 생각 또한 그 산물일 뿐입니다.

우리는 생각을 선택하지 못합니다. 그 생각이 어떤 양상을 취할지도 통제하지 못하지요. 다만 어떤 생각은 더 오래 품으며 고취할 수 있고, 어떤 생각에는 최대한 작은 공간만을 내줄 수도 있습니다. 마음속에 불쑥 떠오르는 생각을 막을 방법은 없습니다. 하지만 그 생각을 믿을지 말지는 선택할 수 있습니다.

엄마, 나 숲속 승려가 되려고요

　불교에 막 귀의한 여느 서양인처럼, 저도 불교 관련 서적을 닥치는 대로 읽었습니다. 그중 한 권이 『길을 바라보기Seeing the Way』였습니다. 이 책에는 태국 북동부의 한 사원이 등장하는데, 세계 각국에서 온 숲속 승려forest monk들이 거기서 함께 지낸다고 합니다. 그걸 읽는 순간 제 안에 작은 씨앗이 한 알 뿌려졌습니다. '나도 태국에 가서 숲속 승려가 될까?' 그 뒤로 읽었던 책의 모든 책장이 그 씨앗에 물을 주었습니다. 물이 한 방울 한 방울 떨어질 때마다 작은 씨앗은 점점 더 자라났습니다. 그러던 어느 날, 어머니와 식탁에 앉아 있는데 흙 속에서 조그마한 싹이 고개를 내밀고 올라왔습니다.

"엄마, 나 숲속 승려가 되려고요."

"그래…. 숲속 승려를 만나본 적은 있니?"

"아뇨. 그냥 책에서 읽기만 했어요."

"그럼 숲속 사원에 가본 적은 있니?"

"아뇨."

"비욘, 마음을 확실히 먹은 거니?"

"예."

또다시 내면의 직관에 의지해 독자적으로 결정을 내렸습니다. 그런 결정만이 주는 고요하고 단단한 확신이 느껴졌습니다. 어머니는 물론 저 자신도 놀랐습니다. 에스파냐에서 5초도 걸리지 않아 사직서를 내기로 결심하던 때와 똑같았습니다.

부모님은 여느 때처럼 저를 지지해주었습니다. 제 별난 측면에 그리고 제가 남들 다 가는 길을 따르지 않으리라는 사실에, 이미 두 손 두 발 다 들었던 터였지요. 두 분은 그 결정뿐만 아니라 다른 어떤 결정에도 이의를 제기하지 않았습니다. 살아가면서 어떤 선택을 하든지 간에 부모님에게 변하지 않는 조용한 지지를 받는다는 사실은 무엇과도 바꿀 수 없을 만큼 저에게 중요했습니다.

이쯤에서 제 아버지가 호보스Hovås에서 가장 보수적인 아버지로 부모 역할을 시작했다는 점과, 나중엔 극히 보수적인 도시인 살트셰바덴Saltsjöbaden에서도 가장 보수적인 아버지로 등극했다는 점을 언급해두겠습니다. 그랬으니 당신 아들이 출셋길을 마다하고 태국의 한 사원에서 가부좌를 틀고 앉아 있겠다고 했을 때, 아무리 좋게 봐준다 해도 그리 이상적으로 보이진 않았을 겁니다. 그래도 아버지는 용케 받아들이셨지요. 제가 뉴질랜드에서 배낭여행을 하면서 귀를 뚫었던 것도, 줄곧 네팔 농부들이 걸치는 헐렁하고 거칠거칠한 면 셔츠를 입고 다니는 것도 아버지 눈에는 달갑게 보이지 않았을 것입니다. 아니, 누구의 눈에도 멋져 보이지 않았겠지요. 그런데도 아버지는 제 특이한 인생 여정을 묵묵히 응원해주셨습니다.

어느 날, 저는 집에 가서 부모님께 다음 단계를 밟기로 결정했다고 말했습니다. 앞으론 전 세계의 독실한 불교 신자들이 사는 방식대로 살겠다고, 승려가 될 때까지 오계伍戒를 지키겠다고 선언했지요.

"오냐, 그런데 그 계율이란 게 뭐냐?" 아버지가 다소 미심쩍은 목소리로 물었습니다.

저는 그 다섯 가지 계율을 차례대로 읊었습니다. 일단 살아 있는 것을 해치거나 죽이지 않겠다고 했습니다. 저 자신의 목숨도, 남의 목숨도 모두 말입니다. 그리고 남의 것을 훔치지 않고, 성행위를 삼가며, 거짓말하지 않고, 술도 마시지 않겠다고 했습니다.

마지막으로 술을 마시지 않겠다는 계율에 다다르자 아버지가 드디어 입을 여셨습니다.

"굳이 그렇게까지 해야 하니? 너무 심하다고 생각지 않니?"

다른 계율은 그럭저럭 넘어갈 만했지만, 아버지에게 술 없이 산다는 건 절대 있을 수 없는 일이었지요. 아버지가 그어놓은 과도한 근본주의와 아닌 것의 경계선이나 다름없었습니다.

부처님은 부모 자식 관계가 특별하다고 강조합니다. 자신을 길러준 분들에게 고마워하는 것은 가치 있는 일입니다. 잘하고 못하고를 떠나 그분들은 아마 자신들의 한계 내에서 전력을 다했을 것입니다. 그것이 불교의 전제입니다. 저는 집에서 보냈던 마지막 몇 달 동안 부모님에게 감사한 마음이 점점 더 크고 깊어졌습니다.

사원으로 떠나기 전에 하고 싶은 일이 있냐고 부모님

이 물었을 때, 저는 예전처럼 다 같이 알프스에 가고 싶다고 말했습니다.

말한 대로 이루어졌습니다. 부모님은 물론 장성한 세 형제까지 모두 함께 알프스로 떠난 것입니다.

그 당시 우리 식구들은 상당히 다른 생활 방식을 영위하고 있었지요. 특히 24시간 주기의 생활 리듬이 무척 달랐습니다. 일단 저에게는 새로 생긴 특이한 습관이 많았습니다. 새벽 4시 30분에 일어나, 우리가 빌린 작은 산장의 거실에 앉아 명상했습니다. 냉장고에서 반사되는 희미한 초록빛 외엔 사방이 컴컴했습니다. 잠시 뒤, 제 형제들이 살그머니 집에 들어오다 제게 걸려 넘어질 뻔했지요. 형제들은 나이트클럽이 문을 닫을 때까지 놀다가 돌아왔던 겁니다. 제 인생은 그렇게 완전히 다른 길로 향하고 있었습니다.

승려가 되기 전에 제가 가진 것을 주변에 모두 나누어주었습니다. 원래 소유욕이 강하지 않고 물건에 애착도 깊지 않아서 그리 어려울 것 없었습니다. 그런데도 물건을 다 내려놓자 속에서 억누를 수 없는 기쁨이 샘솟았습니다. 마치 에스프레소 여덟 잔이 혈관을 타고 도는 것 같았지요. 물건을 정리한 다음엔 학자금을 갚았습니다.

빚을 진 상태로는 숲속 승려가 될 수 없었거든요.

　모든 준비가 끝났습니다. 무엇을 준비하는 것인지 잘 몰랐지만 말입니다. 저는 일말의 주저함도 없이 스웨덴을 떠났습니다. 겨울이라 마음먹기가 더욱 쉬웠는지도 모릅니다.

또다시 내면의 직관에 의지해
독자적으로 결정을 내렸습니다.
그런 결정만이 주는
고요하고 단단한 확신이 느껴졌습니다.

제 인생은 그렇게 완전히
다른 길로 향하고 있었습니다.

토마스 산체스, 「백색의 명상」

지혜가 자라는 사람, 나티코

1992년 1월 28일, 툭툭(동남아시아 지역의 대중교통인 삼륜 택시)에서 내려 작은 배낭을 둘러메고 산길을 올라갔습니다. 그리고 난생처음 사원 정문을 통과했습니다. 출입구 옆에 팻말이 하나 걸려 있었습니다. 왓파나나찻_{Wat} _{Pah Nanachat}, 국제 숲속 사원. 우거진 나뭇가지들이 아치형 지붕을 이룬 길을 따라 들어가자 금세 선당禪堂에 이르렀지요. 호랑이 연고 냄새와 향 사르는 냄새가 은은하게 풍겼습니다. 세계 각지에서 온 이십여 명의 승려들이 야트막한 연단演壇에 앉아 조용히 바리때에 담긴 음식을 공양하고 있었습니다.

공양간을 찾아가서 나이가 지긋한 마을 아주머니들과 함께 공양했습니다. 그들의 손주 여럿이 주변에서 즐겁게 뛰놀았지요. 십여 명의 서양인 손님도 우리와 합류했습니다. 승려들이 공양을 마쳤을 때, 저는 그들이 시키는 대로 무릎걸음으로 주지 스님에게 다가가 절을 했습니다. 주지 스님의 이름은 아잔 파사노Ajahn Passano였습니다. 캐나다 서부 오지에서 벌목꾼의 아들로 태어났다고 들었지요. 저는 그곳에 찾아간 이유를 말했습니다.

"저는 숲속 승려가 되고 싶어서 모든 걸 뒤로하고 왔습니다."

주지 스님은 온화하게 웃으며 잘 왔다고 말했습니다.

"다른 남자 손님들과 함께 기숙사에 머물러도 좋습니다. 사흘 뒤에도 여기 있겠다고 하면, 당신은 머리를 깎으라는 요청을 받게 될 겁니다."

주지 스님의 말은 환영 인사치고는 다소 차갑게 들렸습니다. 시간이 한참 흐른 뒤에야 왜 그랬는지 알았지요. 사원의 생활이 기대에 미치지 못하자 중간에 마음을 바꾸고 떠나는 사람이 워낙 많았던 것이지요. 하지만 제 마음은 사흘 뒤에도 전혀 흔들리지 않았습니다. 머리를 깎을 때가 되자 마음이 편했습니다. 머리를 깎는 행위는 진지하게 그곳에 머물고자 뭔가를 포기할 각오가 됐음을 겉으로 드러냄과 아울러, 자연스럽게 자신이 더는 손님이 아니라는 의미를 담습니다. 사원은 배낭여행객을 위한 무료 호스텔이 아니라, 어디까지나 승려들이 수행하는 도량道場이라는 점이 분명해지는 순간이지요. 저는 뉴질랜드에서 온 남자와 함께 삭발식을 치렀습니다. 같은 날 사원에 도착한 인연으로 서로 소중한 도반道伴이 되어주었지요. 우리는 기념으로 같이 사진을 찍었습니다. 둘 다 비교적 긴 머리칼을 휘날리다 빡빡머리가 된 모습에 한바탕 크게 웃었지요.

몇 주 뒤, 저를 행자 단계로 올리고자 조촐한 의식이 열렸습니다. 하얀 승복을 갖춰 입으니 제가 진짜 승려처럼 보였습니다. 행자는 여전히 돈을 쓰고 운전하는 등 일상에 가까운 활동을 영위할 수 있지만, 사원의 진정한 수행자 생활에 점점 더 적응해야 합니다. 3개월 뒤에 저는 사미승, 즉 수습 승려가 되었습니다. 승명僧名도 부여받았습니다.

저는 사원의 주지이자 스승인 아잔 파사노 스님을 대단히 존경했습니다. 처음부터 무한히 신뢰했고, 스님은 그 신뢰에 의문을 품게 한 적이 한 번도 없었습니다. 승명을 받는 의식을 치를 때면, 아잔 파사노 스님은 태국의 어느 사원에나 있는 책을 펼쳐 들었습니다. 태어난 요일에 따라 부여할 이름이 적힌 책이지요. 선택할 수 있는 이름이 수백 가지였지만, 적합한 이름을 선택하는 일은 스승의 몫입니다. 아잔 파사노 스님은 제게 나티코Natthiko라는 이름을 제안하며 마음에 드느냐고 물으셨습니다. '지혜롭게 성장하는 자'라는 뜻이지요. 저는 그 이름이 무척 좋았고 지금도 여전히 좋습니다.

승려들의 승명은 그들이 선택한 새로운 삶의 방식을 상징하는 동시에 이제 지금까지와 다른 삶을 살아야 한다는 것을 상기하게 해주는 무엇입니다. '무소유'의 삶을 위한 이름이지요. 승명에 꼭 개인의 특정한 측면을 강화하거나 부족한 부분을 격려하려는 의도가 있는지는 확실치 않습니다. 그때그때 다르겠지요. 가령 우리 사원의 한 승려는 이른바 거리의 삶을 살던 사람이었습니다. 그는 늘 거칠고 욕설 섞인 말을 내뱉었고, 당연히 사원에서 생활하는 데 마찰이 많았습니다. 그에게는 말씨가 유려하고 부드럽다는 뜻의 승명이 주어졌습니다. 이 이름에는 추가적으로 특정한 측면의 발전을 격려하려는 스승의 희망이 고스란히 담겨 있는 셈입니다.

제가 머물던 숲속 사원에서는 사미승은 황토색 승복을 입어서 일반 승려처럼 보이지만 좀 더 따르기 수월한 계율이 적용됩니다. 그렇게 사미승으로서 1년을 보낸 뒤 본인도 계속 수행할 의사가 있고 사원에서도 그가 수행의 길을 걷기에 적합하다고 판단하면 그제야 '정식' 승려가 될 수 있지요. 정식 승려가 된다는 것은 곧 훨씬 더 엄격한 계율에 따라 살기를 선택한다는 뜻입니다. 어느 종파에 속하느냐에 따라 전통이 다양하지만, 테라와다 Theravada, 즉 남방불교에 속한 비구(남자 승려)는 227가지 계율을 따르고 비구니(여자 승려)는 311가지 계율을 따릅니다.

이상적으로 말하자면 승려는 계율을 온전히 암송할 줄 알아야 합니다. 정말 그렇게 할 수 있다면 주변에서 꽤나 우러러보게 되지요. 현지 승려 중에는 10퍼센트 정도가, 서양인 승려 중에는 3분의 1 정도가 암송을 시도했습니다. 계율을 다 암송하려면 정말 엄청나게 많이 연습해야 합니다. 다른 불경과 마찬가지로 계율도 팔리어(남방불교 경전에 쓰인 말)로 쓰였는데 빠르게 암송할수록 좋지요. 2주에 한 번씩 우리 중 한 명이 전체 승려 앞에서 큰 소리로 계율을 암송했습니다. 아주 빨리 암송하면 50분 정도 걸렸는데, 더 느리게 암송하면 듣기에 지루해서 눈치가 보였습니다. 저도 결국 다 암송하긴 했지만, 참으로 힘겨운 일이었습니다. 능숙하게 암송하기까지 과장 없이 정말 1000시간 넘게 걸렸던 것 같습니다.

그 핵심 계율 중에 단연 눈에 띄는 네 가지가 있습니다. 그중 한 가지만 어겨도 더는 승려가 아니게 되지요. 누구나 알 만한 것이라 그것은 잘못이라고 알려줄 필요조차 없는 그런 사항들입니다. 첫 번째는 도둑질이고, 두 번째는 음행淫行이며, 세 번째는 살생입니다. 네 번째는 깨달음을 얻었다고 고의로 거짓말하는 것이지요.

고향으로 돌아온 뒤 제가 제일 자주 받은 질문은 금욕에 관한 물음이었습니다. 어떻게 그토록 오래 자위도, 성교도 없이 살아갈 수 있는지 궁금해했습니다. 특히 남자들은 몽정이 계율을 위반한 것은 아닌지 알고 싶어 했지요. 사실 무의식적인 신체 반응으로 비난받는 일은 없습니다. 태국 사람들은 몸이 의지대로 되지 않는 그런 상황에 대해 무척 관대합니다. 어쩔 수 없어 사소한 위반을 저지른다고 해도 망신을 주기보단 킬킬 웃고 넘어가곤 하지요. 인간적인 모습으로 여기거든요. 반면에 성관계를 맺는 것은 상상도 할 수 없는 일이었습니다. 저는 금욕이 영적 성장에 필수적이라고 생각하진 않습니다. 하지만 바로 그것이 계율입니다. 모든 계율이 제 개인적인 생각과 일치하는 것은 아니었으나, 출가하고 승려가 된다는 것은 판단을 멈추고 먼저 그 모든 것을 받아들이는 데서 시작합니다.

부처님 시대 이래로 이 사원에서는 전통적으로 2주에 한 번씩 보름달이 뜰 때와 초승달이 뜰 때마다 모입니다. 중요한 정기적 의식이기에 모이기 전날, 다들 머리를 깎고 연꽃과 향으로 선당을 장식하지요. 바로 이날이 계율 전체를 암송하는 날이기도 했습니다. 하지만 그에 앞서서 둘씩 짝을 이루어 무릎을 꿇고 마주 앉아서 그동안 사소하게라도 계율을 어기거나 교묘하게 왜곡했던 일을 서로 고백합니다. 가령 살생을 금해야 하는데도 모기를 죽였다면 그 시간에 털어놓으면 됩니다. 반면에 핵심적인 계율을 어겼다면, 나중에 모든 승려 앞에서 다시 고백해야 합니다.

부처님은 마음을 깨끗이 유지하는 방식이 두 가지 있

다고 말씀하셨지요. 죄를 짓지 않거나 지은 죄를 고백하는 것입니다. 얼핏 가톨릭의 고해성사와 흡사하게 들립니다. 가령 사원 전통에 어긋난 방식으로 성적 쾌락을 꾀했다면, 승려들 앞에서 고백해야 했던 것이지요. 이런 잘못은 대개 한번 저질렀던 사람이 또 저질렀습니다. 매번 같은 승려들이 환한 달빛을 받으며 무릎걸음으로 앞에 나가 다음과 같은 말을 우물거리곤 했습니다. "그러니까 제가 어쩌면 조금 잘못된 짓을…."

그 고백 자체는 다소 우스꽝스러웠지만, 남들의 잘못을 바라보고 그 안에서 자기 자신의 모습을 발견하면서 우리는 점점 더 결속할 수 있었습니다. 부족한 사람은 자기 혼자만이 아니었던 것입니다. 그리고 거의 모든 잘못을 소리 내어 털어놓는 순간, 내적 압박이 조금 누그러졌습니다.

서양인 승려들은 이른바 '마음을 터놓는 모임'을 정기적으로 열었습니다. 함께 모여 그간 우리 안을 지나갔던 생각과 경험을 나눴는데, 우리는 이런 모임이 마음을 수행하는 불자의 삶에 무척 어울린다고 생각했지요. 모임에서 우리는 티베트불교의 상징인 작은 금강저vajra를 사용했습니다. 손잡이 양 끝에 날카로운 날이 붙은 법구인 금강저를 쥔 사람은 자신이 최근에 겪었던 어렵고 힘든 일이나 용기를 냈던 일화를 나머지 사람들에게 들려주었습니다. 아무도 중간에 방해하거나 의견을 내거나 분석하지 않았습니다. 누군가가 소박한 진심을 털어놓으면 나머지 이들은 열린 마음으로 묵묵히 들었습니다. 태국 승려들은 우리 모임을 보고 낄낄 웃곤 했습니다. 우리가 불자다운 모습이라 믿어 의심치 않았던 행위가 그들의 눈에는 어색하고 딱딱해 보였던 것이지요. 일상적으로 나누면 될 이야기를 굳이 형식을 갖춰 돌아가며 말하는 모습을 우스워하면서도 그들도 종종 우리 모임에 참여해서 함께 이야기를 나눴고, 우리는 그렇게 서서히 사원의 삶에 적응해 나갔습니다.

태국의 숲속 사원 전통은 부처님이 정한 계율을 저버리는 승려들에 문제의식을 느낀 수행자들이 시작한 것입니다. 따라서 숲속 사원에서 수행하는 승려들의 삶은 지극히 단순하고 검박했으며, 고요히 앉아서 명상하는 좌선坐禪 수행에 집중했고, 계율을 엄격하게 준수하는 것을 중시했습니다. 우리는 열대의 우거진 숲 곳곳에 있는 높다란 나무 기둥들 위에 조그마한 오두막을 짓고 살았습니다. 나무껍질로 짠 돗자리를 깔고 잤고, 하루에 한 끼

주어진 음식만을 먹었습니다. 돈을 전혀 만지지 않았으며, 금욕적인 생활을 했습니다. 익숙해져야 할 것이 참 많았습니다.

그리고 그중엔 명상도 있었습니다. 최악의 명상가를 뽑는다면 우승 후보로 꼽혔을 터라, 저는 사원 생활에 꼭 맞는 완벽한 수행자는 아니었지요. 가부좌를 틀고 앉아서 삼사십 분 이상을 명상하는 좌선에 도저히 집중할 수가 없었어요. 매번 꾸벅꾸벅 졸기 일쑤였습니다. 게다가 서커스의 원숭이처럼 날뛰는 생각을 여전히 어쩌지 못하고 있었습니다. 그 녀석을 잠재우고 조금이라도 고요한 마음에 도달하려면 매번 무척이나 고전해야 했지요. 의무적으로 매일 긴 시간 동안 좌선하며 강도 높은 수행을 했는데도 제 의지대로 명상에 집중할 수 있게 된 것은 수년이 흐른 다음이었습니다. 사원에서 수행하던 시절, 매일 새벽 3시 30분에 모두 모여 좌선할 때면 제 생각은 이렇게 날뛰었습니다.

좋아, 한 번에 한 호흡씩. 이제 다른 건 다 내려놓을 수 있어. 들숨. 날숨. 들숨. 날숨. 깨달음에 이르려면 얼마나 걸릴까? 부처님은 6년밖에 안 걸렸다던데. 부처님은 분명히 전생에 완벽한 업karma을 쌓으셨을 거야. 내 업은 어떻게 생겨먹었을지 궁금하군. 모르긴 해도 완벽함과는 거리가 멀 거야. 그나저나 내가 이번 생에 맥주를 얼마나 마셨는지도 궁금하네. 5000병? 만 병? 그걸 상자에 담아서 쌓으면 얼마나 높이 쌓일까? 어디 보자…. 아, 안 돼! 안 돼! 집중해, 집중하라고! 다시 시작하자! 마음을 다잡으려면 호흡에만 집중하면 돼. 참자, 참아. 로마도 하루아침에 이루어지지 않았어. 일본의 선승禪僧처럼 앉아 봐. 참선, 좋지…. 그 친구들은 멋지고 재주도 많아. 불상들도 예술적이고, 자세도 바르고. 서예, 하이쿠(일본 특유의 단시), 암석정원. 이따금 술도 마신다던데…. 아, 이런! 정신 차려! 쓸데없는 망상 그만해! 현재에 집중하라고! 들이마시고 내쉬고. 아, 이제야 좀 잠잠해지네. 아얏! 뭐지? 누가 방금 내 머리를 쳤나? 그럴 리가 없는데….

실눈을 뜨고 보니 코앞에 타일 바닥이 있었습니다. 그 사이 깜빡 잠들어 고꾸라진 것입니다.

많은 어려움이 있었지만 저는 승려가 되기로 한 제 선택을 한 번도 후회하지 않았습니다. 수행을 시작하고 나서야 마침내 제 안에서 '이건 내 삶이 아니야'라고 끊임없이 속삭이던 목소리가 잠잠해진 것입니다.

서구에서는, 특히 사업 영역에선 지적 능력이 사실상 모든 것에 우선한다고 배우며 자랐습니다. 하지만 여기에선 제가 오랫동안 의심해왔던 가설 하나를 설득력 있게 증명해주었습니다. 즉, 인간의 가치와 재주는 높은 지능에만 있는 것이 아니라는 것을 보여주었지요. 우리 머릿속에 한계가 없는 지성이 존재하며, 우리는 거기 더 깊이 의지할수록 더욱 온전한 삶을 살 수 있습니다. 제 안에 있는 현명한 목소리, 저를 이곳까지 오게 한 목소리는 새겨들을 만한 가치가 있는 것이었습니다.

난생처음으로 세상과 제 생각이 일치했습니다. 인생에서 정작 중요한 건 따로 있었지요. 현재 하는 일에 온전히 집중하기. 진실을 말하기. 서로 돕기. 쉼 없이 떠오르는 생각보다 침묵을 신뢰하기. 마침내 집에 돌아온 것 같았습니다.

순간의 지성

태국의 숲속 사원은 아잔 차라는 무척 쾌활한 승려가 설립했습니다. 웃음이 많고 다정했던 스님은 영적 깨달음 또한 깊어서 수많은 이가 그의 제자가 되었습니다. 1960년대와 1970년대에 아잔 차 스님은 불교계에서 점점 더 명성을 떨치게 되었는데, 그의 이름은 이전부터 인도에 머무르던 히피들 사이에도 널리 퍼졌습니다. 그중 많은 이가 태국 북동부에 있는 아잔 차의 사원에 모여들었습니다. 하지만 태국 안에서도 이 지역 사투리가 독보적으로 어려웠고, 스님의 추종자 가운데 많은 수가 서양인이라서 열의만은 가득한데도 사원 생활에 적응하지 못하는 이가 많았기에 영어를 공용어로 쓰는 사원의 필요성이 대두되었습니다. 이내 누군가가 인근 토지를 사원에 보시하여 그 자리에 세계 최초로 국제 숲속 사원이 탄생했습니다.

아잔 차 스님은 우리에게 정신적 지도자인 동시에 마음을 기댈 사람이었습니다. 유난히 넓적한 얼굴에선 환한 미소가 좀체 떠나지 않았지요. 누가 지었는지, 황소개구리라는 별명이 딱 어울렸습니다.

어느 날, 아잔 차 스님이 사원 밖 대나무 평상에 앉아 여러 승려에게 둘러싸여 있었습니다. 스님은 숲을 베는 데 쓰는 굵직한 칼을 들어 보이더니 이렇게 말했습니다.

자네들 그거 아는가? 우리 정신은 어떤 면에서 이 칼과 흡사하다네. 내가 이 칼을 아무 때나 사용하면 어떻게 되겠나? 플라스틱도 자르고 콘크리트도 자르고 유리, 금속, 나무, 돌까지 마구 자른다고 상상해보게. 날이 금세 무뎌져서 제 역할을 할 수 없겠지. 반면에 나무를 자를 때 외엔 칼집에 꽂아두고 쉬게 하면, 이 칼은 제 역할을 빠르고 효과적으로 할 수 있겠지. 그것도 아주 오래오래.

그 비유는 제 마음속에 오래 남았습니다. 제 정신을 온전하고 바르게 유지하려면, 날카롭고 효과적으로 발휘하려면, 때로 쉬게 놔둬야 한다는 말씀이었지요.

우리는 인간이 지식에 도달하는 방식이 한 가지 이상 있다는 점을 자꾸 잊어버립니다. 이성이 우리의 도구함에 들어 있는 유일한 도구가 아니라는 점도 자꾸만 간과하게 됩니다. 저는 이성이 별 의미 없는 특성이라거나 덜 중요한 능력이라고 말하려는 것이 아닙니다. 인간의 이성은 우리에게 소중하고 아름다운 것을 수없이 제공했습니다. 기술, 과학, 의료, 민주주의, 평등 등 소중한 발상과 체제가 만들어지는 원천이지요. 하지만 우리에게는 이성만 있는 게 아닙니다. 지식에 도달하고 결정을 내리기 위한 다른 방식도 있습니다. 바로 영감의 순간입니다. 불교도들은 이를 지혜라고 부릅니다. 아울러 그들은 명상과 지혜는 확고하게 이어진다는 것을 압니다.

때때로 내면에 귀를 기울이다 보면, 문득 주위가 분명해집니다. 에스파냐에서 일요일 오후 소파에 앉아 있을 때도 그러했지요. 누군가는 그것을 마음의 소리라고 부르고, 누군가는 직관이라고 부릅니다. 저는 그것을 순간의 지성이라고 부르고 싶습니다. 뭐라고 부르는지, 어떻게 찾아냈는지 따위는 중요하지 않습니다. 하지만 우리 인간에게 그런 능력이 있음을 깨닫는 것은 중요합니다. 우리가 인간이라는 바로 그 사실 덕분에, 우리는 지혜의 목소리에 귀를 기울일 능력이 있습니다. 그런데 너무나 많은 사람이 그 소리를 듣지 못합니다. 외부에서 쉽게 답을 찾을 수 있는 시대에 살고 있어서 특히 그렇습니다. 우리 정신을 쉬게 하고 내부에 가만히 귀를 기울이기가 그 어느 때보다 어렵지만, 그것은 그 어느 때보다 지금 우리에게 필요합니다.

행복은 외부 요인에서 비롯한다고 생각하기 쉽습니다. 저도 젊었을 때 그렇게 생각했고, 지금조차 그런 사고방식에서 완전히 벗어났다고 말할 수는 없습니다. 행복이 바깥에서 온다고 믿고 싶은 본능은 그만큼 강력합니다. 가령 화려한 경력을 쌓아 남들에게 성공한 사람처럼 보이면 한동안 꽤 우쭐할 수 있지요. 하지만 누구나 잠시 멈춰 생각해보면 깨닫게 됩니다. 그 삶은 마치 달콤한 디저트만 먹으면서 사는 것과 같다는 것을 말이죠. 디저트는 눈에 아름답고 입에 달콤하지요. 하지만 생명을 이어가는 데 필요한 자양분을 제공하진 못합니다.

우리는 누구나 순간의 지성을 끌어낼 수 있습니다. 우

리 각자의 내면에는 정교하게 연마된 자기만의 조용한 나침반이 있어요. 그러나 그 지혜는 요란스러운 자아와 달리 은은해서 일부러 관심을 기울이지 않으면 소리를 들을 수 없습니다. 자아가 던지는 질문과 요구는 그보다 몇 배나 시끄러워 지혜의 소리를 완전히 묻어버리기 때문입니다. 이따금 주파수를 바꾸는 것은 그래서 더 중요합니다. 일상생활에서도 틈을 내어 멈추고 고요를 느끼는 겁니다. 정적의 순간을 찾는 것이지요. 어떤 삶을 살든 자기 안의 평화를 발견하려면 우리에게 내재한 소중한 능력을 돌보고 키워나가야 합니다. 그러지 못할 때 우리의 관심은 언제 어디서나 가장 요란한 소리에 쏠릴 겁니다. 그렇게 되면 삶이 막장 드라마가 되어버립니다. 갈등에 끌리고, 불안과 불행에 가장 기민하게 반응하고 집중하게 됩니다. 항시 현실과 투쟁하게 되지요.

내면의 목소리에 귀를 기울이는 것이 이성에 반한다는 뜻은 아닙니다. 오히려 그 안에는 이성 또한 깃들어 있다고 보는 것이 맞습니다. 내면의 목소리란 완전히 새로운 생각과 개념이 갑자기 마른하늘에 날벼락처럼 뚝 떨어지는 것이 아닙니다. 실은 오랜 시간 심사숙고한 결과일 가능성이 큽니다. 제가 그 멋진 회사를 그만두겠다고 결정했을 때도 그랬습니다. 그런 생각이 이미 긴 시간 동안 제 안에 있었지만 다른 소음에 눌려 미처 들리지 않았던 것이지요. 다들 알다시피 오랜 시간과 열정을 바쳤던 일에 의문을 품기란 무척 어렵습니다. 직업이든 인간관계든 생활 방식이든 누가 봐도 멋지고 좋아 보이는 것을 포기하기란 쉽지 않습니다. 하지만 제 내면에 귀를 기울이면서 그동안 억눌렸던 생각이 좀 더 자유롭게 흐르게 하자, 진심이 운신할 여지가 생겼던 겁니다. 내면의 더 현명한 목소리가 제대로 들리기 시작하니, 드디어 결심을 단행할 만큼의 확신이 찾아온 것이지요. 저는 이런 식으로 혹은 저런 식으로 하는 게 좋겠다고 이성적으로 따져보지 않았습니다. 생각에 생각을 거듭하다 최종 결론에 이르지도 않았지요. 저 자신의 좀 더 큰 부분에 접근한 바로 그 정적의 순간 갑자기 분명해졌을 뿐입니다.

현명한 알베르트 아인슈타인은 예전에 이렇게 말한 바 있습니다. "이성적인 마음은 하인이다. 반면에 직관적인 마음은 신성한 선물이다. 우리가 창조한 사회는 하인을 섬기느라 선물을 잊어버렸다."

우리 각자의 내면에는 정교하게 연마된

'지혜'라는 나침반이 있습니다.

그러나 그 지혜의 소리는 은은해서

일부러 관심을 기울이지 않으면 들을 수 없습니다.

괴짜들의 공동체

처음 승려가 되기로 마음먹었을 때, 제 머릿속에는 불교 사원이 어떤 모습이어야 하고 그 안에서의 삶이 어때해야 한다는 생각이 확고하게 있었습니다. 하지만 막상 승려가 되고 나서는 그중 많은 부분을 바꿔야 했지요.

일단 모든 사원은 저마다 다릅니다. 주택가 한복판에 세워진 허름하고 번잡한 사원이 있는가 하면, 멋진 풍광을 자랑하는 숲속에 드문드문 흩어져 있는 대나무 오두막들로 이뤄진 사원도 있지요. 저는 제가 어느 사원에 정착하게 되든지 간에 애초에 승려가 되고자 했던 이유 중

하나를 포기해야 한다는 점을 금세 깨달았습니다. 그건 바로, 제가 혼자 있게 되리라는, 마침내 진짜로 혼자 있게 되리라는 생각이었지요.

제 자신이 주말도 없이 24시간 사람들과 어울려야 하는 공동체에 합류했다는 사실을 분명히 깨닫는 데는 몇 주도 걸리지 않았습니다. 게다가 그중엔 살면서 만나볼 그 누구보다 별난 사람도 있었습니다. 우리는 방을 같이 쓸 사람을 스스로 선택할 수도 없었지요. 그나마 한 달에 한 번씩은 방이나 오두막을 바꿔 사용했습니다. '소유물'에 애착을 느끼지 못하게 하려는 취지도 있었지만, 오가는 사람이 많았던 탓도 있었습니다. 마음에 드는 사람은 사원을 훌쩍 떠나는데, 별로 달갑지 않은 사람은 절대 돌아가지 않고 끝까지 버티는 것처럼 느껴지기도 했습니다. 보아 하니 이런 사회성 훈련은 수행의 작은 부분이 아니라 그 핵심이나 다름없었습니다. 그것만은 전혀 예상치 못했던 부분이었지요.

이렇게 많은 낯선 사람들과 종일 생활한다는 것은 처음에는 큰 괴로움으로 다가왔습니다. 저는 걸핏하면 다른 승려들과 자신을 비교했습니다. '난 수자토만큼 총명하지 않아. 난 니야나라토만큼 너그럽지 않아. 테자파뇨

만큼 진득하지도 않고 찬다코만큼 신중하지도 않아.' 비교하면 할수록 괴로웠습니다. 게다가 다들 하나같이 어딘가 마음에 들지 않는 사람뿐이었습니다. 왜 때로 사람들은 그토록 신경에 거슬리는 걸까요? 저는 짜증으로 가득 차곤 했습니다. 어떤 사람도 제가 기대한 것처럼 행동하지 않았고, 그때마다 속에서 화가 치밀었습니다. 하지만 시간이 흐르고 나니 무언가가 보이기 시작했습니다. 제가 품었던 모든 반감은 그 누구보다 저 자신에게 고통을 주고 있었습니다. 서서히 그러나 분명히 제 안에서 너그러운 마음이 자라나기 시작했습니다. 사람들을 제 기준으로 판단하지 않고, 있는 그대로 바라보는 법을 배웠습니다. 주지 스님은 우리에게 다른 이를 대할 때 이런 식으로 생각하라고 격려했습니다.

우리는 해변에 쓸려온 자갈과 같다네. 처음엔 거칠고 들쭉날쭉하지. 그런데 삶의 파도가 쉼 없이 밀려온다네. 우리가 그곳에 머물며 다른 자갈들 사이에서 거칠게 밀쳐지고 비벼지다 보면, 날카로운 모서리가 서서히 그러나 확실히 닳게 된다네. 결국 둥글고 매끄러워지지. 그러면 빛을 반사하며 반짝이게 될 걸세.

인간만이 자신과 맞지 않는 다른 존재를 성가시다고 여깁니다. 사람이라면 누구나 겪는 일이지요. 하지만 누군가를 미워하고 불편하게 여길 때 우리는 엄청난 기운을 소모하게 됩니다. 우리의 힘이 줄줄 흘러나갈 구멍이 생기는 것이나 다름없지요. 다행히도 그런 문제를 해결할 방법이 있습니다. 누군가와 좀 더 편하게 지내고 싶고, 그 사람이 자기 입맛에 맞게 행동했으면 한다면 기실 방법은 딱 한 가지뿐이지요. 그들을 그 모습 그대로 좋아하는 겁니다.

단지 남들이 이렇게 혹은 저렇게 판단한다는 이유로 진심으로 바뀐 사람이 인류 역사를 통틀어서 한 명이라도 있었을까요? 그럴 리가 없는데도 우리는 계속해서 남들을 판단하고 우리 뜻대로 바꾸려 합니다. 거의 떼쓰는 어린아이 같은 집요함으로 그 방식을 고집하지요. 마치 세상이 자기 뜻대로 움직여야 한다고 굳건하게 믿는 것처럼 말입니다. 뜻대로 되지 않으면 좌절하거나 폭발하고 우울해하기도 합니다. 마치 이렇게 말하는 것 같아요. "나는 사람들이 어떻게 행동해야 하는지 알아. 사람들이 내 말을 안 듣는다고? 그럼 나 자신이라도 마구 괴롭힐 거야!" 우리는 우리 자신을 너무 대단하다고 착각하는 경향이 있습니다.

사람들은 저마다 민감한 감지기가 있어서, 누군가가 자기를 경계하거나 거리끼는 마음이 있으면 금세 감지할 수 있습니다. 그런 낌새를 감지한 사람은 자신감이 떨어지고 기분도 상합니다. 마음을 잘 열지 않게 되는 동시에 다른 사람의 감정에도 그다지 신경 쓰지 않게 됩니다. 그 반대도 마찬가지입니다. 우리의 감지기는 누군가가 이렇게 생각할 때도 금세 감지할 수 있지요. "안녕! 널 진심으로 환영해. 넌 지금 모습 그대로 정말 사랑스러워. 다른 사람처럼 되려고 하지 않아도 돼. 난 너의 특이하고 유별나고 엉뚱한 면을 다 받아줄 거야. 독특하게 행동해도 괜찮아. 난 너를 있는 그대로 격하게 환영해. 여기 너를 위한 자리가 있어."

누군가 그런 마음으로 자신을 맞아준다고 상상해봅시다. 당장 자신부터 더 열린 사람이 될 수 있을 것 같지 않나요?

우리가 서로를 있는 그대로 받아들일 때, 그리하여 모두 본연의 모습대로 살아갈 수 있도록 허락할 때 인생은 크게 달라집니다. 각자의 강점과 재능을 발휘하면서 앞으로 나아갈 기회를, 더 나은 모습으로 발전할 기회를 서로 상대에게 줄 수 있습니다. 남들이 우리를 있는 그대로 받아준다고 느끼면, 우리 또한 남들을 더 너그럽게 대하기 쉽습니다. 주변을 더 공감하는 자세로 관찰하고 또 그들과 소통하며 살아갈 수 있게 됩니다.

공동체 속에서 살다 보면 이처럼 서로 상대를 받아들이고 함께 살아가는 자세가 가장 중요한 고민거리가 되기 마련입니다. 마음을 수련하고 영적으로 성장하고자 전념하는 공동체라면 더욱 말할 것도 없지요. 처음엔 무척 불쾌했던 사람이라도, 꺼림칙하게 여기는 제 마음을 해결하고 나면 오히려 깊은 애정으로 바라보게 되곤 했습니다. 어떤 오클라호마주 출신의 승려는 무려 4년 동안이나 저를 몹시 싫어했습니다. 매일매일 조금도 감추지 않고, 쉬지도 않고 싫은 마음을 어떻게든 드러내곤 했습니다. 지나고 보니 삶이란 참 역설적이다 싶습니다. 저는 늘 남들이 저를 어떻게 생각하는지 지나치게 신경 쓰며 살았습니다. 젊은 시절 제가 그토록 열심히 일했던 것도 그 때문이었습니다. 어쩌면 제게는 그처럼 저를 미워하는 사람이 필요했던 겁니다. 누군가가 저를 미워할까 봐 그토록 두려워했는데, 이유도 모른 채 그리 긴 시간 동안 끊임없이 미움을 받고 나니 그제야 모든 사람에게 호감을 사려고 애쓰는 게 얼마나 무의미한지 깨우친 것입니다.

　이처럼 공동체 생활은 그 자체로 일종의 수행이었습니다. 사원에서 생활하기 시작하자마자 마음에 들었던 것은 포용성이었습니다. 누구나 수행을 하기 원한다면 시작할 수 있다는 점이 무척 마음에 들었습니다. 똑똑하지 않아도, 학교에서 좋은 성적을 받지 못했어도, 정신적으로 남달리 성숙하지 않아도 승려가 될 수 있다는 점이 좋았습니다. 오직 선의를 갖고 최선을 다하면 누구나 이 공동체의 일원이 될 수 있다는 것이 제 마음을 샀습니다.

　숲속 사원의 전통적인 문화는 합의를 기반으로 합니다. 함께 지내는 승려들은 서로 상대에게 다음과 같은 마음가짐으로 임해야 합니다. '나는 당신과 함께 협력할 준비가 되어 있습니다. 당신은 완벽하지 않아도 됩니다. 지적으로 뛰어나지 않아도 됩니다. 설사 내가 당신을 좋아하지 않더라도 괜찮습니다. 그래도 나는 당신과 함께 협력할 준비가 되어 있습니다.'

　기본적으로 모든 걸 함께하겠다는 각오가 서야 사원에서 순조롭게 생활을 영위할 수 있습니다. 모든 울력(여러 사람이 힘을 모아 일하면서 게으름을 몰아내는 수행)은 한 가지 원칙에 따라 이루어집니다. 바로 무엇을 하든 열과

성을 다해야 한다는 것입니다. 사원에서는 어떤 활동이 다른 활동보다 더 유익하거나 중요하지 않습니다. 동네 병원의 간호사들에게 설법하는 일이 마당을 쓸거나 설거지하거나 뒷정리하는 일보다 더 낫거나 멋지지 않습니다.

수행 생활이 스웨덴을 떠나기 전에 생각했던 것처럼 풀리지는 않았더라도, 수행자의 삶이 마땅히 그래야 하는 대로 풀려갔습니다. 우리는 그렇게 함께 사는 법을 배웠습니다. 그 해변에 머물며 쉼 없이 밀려오는 파도에 서로 부딪치면서, 날카로운 모서리를 갈고 닦아 점점 둥글둥글해졌습니다.

선택하지 않는 훈련

승려가 되고 1년쯤 지났을 때 부모님이 사원으로 찾아왔습니다. 당시 저는 새내기답게 의욕이 넘쳤고 새로운 삶에 순조롭게 적응하고 있었지요. 드디어 제가 살아갈 자리를 찾았고 삼라만상에 대한 해답에 이제 거의 접근했다고 느끼고 있었습니다. 이 세상에선 부처님이 답할 수 없는 중요한 질문은 있을 수 없었지요. 하지만 부모님이 이런 제 모습을 보고 뭐라고 생각할지는 조금도 짐작하기 어려웠습니다.

사원 경내는 금연 구역이라 아버지는 틈만 나면 몰래

담배를 피울 만한 곳을 찾아다니느라 하루를 다 보내는 것 같았습니다. 방문한 지 사흘째 되던 날, 저는 궁금증을 억누르지 못하고 물었습니다.

"아버지, 이 사원과 이곳의 생활 방식을 어떻게 생각하세요?"

아버지는 저를 쳐다보며 담배를 길게 한 모금 빨더니 대답했습니다.

"무슨 보이 스카우트 캠프 같다. 하지만 규칙은 더 빡빡하구나."

어머니는 사원 생활에 좀 더 적극적으로 참여했습니다. 도착한 다음 날 아침엔 진공 포장된 거대한 연어 덩어리를 들고 작은 손님용 오두막에서 나왔지요. 사원의 공양간은 원시적이라 음식을 옥외 화로에서 요리해야 했습니다. 어머니는 개의치 않고 공양간 쪽으로 걸어가며 이렇게 선언했지요.

"여기 있는 모든 승려를 위해 연어 카나페를 만들 거다!"

어머니는 그 먼 스웨덴에서 머스터드소스까지 다 챙겨왔던 겁니다.

그날 공양하려고 모이는데 어머니가 우리의 스승이자

주지인 아잔 파사노 스님에게 말을 붙이려 애쓰는 모습이 보였습니다. 하지만 태국 사원에선 공양도 일종의 수행이라 방해하면 안 된다는 사실을 어머니도 이미 알았습니다. 승려는 자리에 앉아 공양게송供養偈頌을 올린 뒤 조용히 공양합니다. 손님들은 대개 공양간에서 공양하는데, 분위기가 사뭇 다르지요. 무슨 축제라도 벌이는 양 시끌벅적합니다.

주변 마을에서 온 할머니들에게 사원은 만남의 장이나 다름없습니다. 그들은 아침부터 손주들을 데리고 와서 하루 내내 공양간에서 잡담을 나누거나 요리를 거들곤 합니다. 태국의 남방불교는 승려에게도 육식을 허용하기에 채식을 선호하는 건 주로 서양인 승려였습니다. 할머니들은 친절하게도 이런 우리를 위해 일부러 채소를 더 챙겨와 자주 채소볶음을 만들어주곤 했습니다. 어머니는 사원에 머무는 동안 주로 공양간에서 동네 아낙들과 함께 시간을 보냈습니다. 말은 한마디도 못 알아들었지만 원래 사람들과 잘 어울리고 아이들도 무척 좋아해서 집에 있는 것처럼 편안해했지요.

승려들이 공양을 마치고 우리의 캐나다인 스승인 아잔 파사노 주지 스님이 수저를 내려놓자마자 어머니가 슬그머니 다가가더니 다시 말을 붙였습니다.

"안녕하세요, 내 이름은 쉴레예요. 나티코의 엄마랍니다. 스님은 승려가 되고 나서 얼마 만에 부모님을 뵈러 고향에 가셨나요?"

아잔 파사노 스님이 대답했습니다. "친애하는 쉴레, 첫 질문인데 이렇게 답하게 되어 참 유감스럽군요. 저는 승려가 되고 나서 3년째가 됐을 때 이곳의 주지를 맡아달라는 요청을 받았습니다. 주지는 누구나 탐내는 자리가 아니랍니다. 늘 바쁘기도 하고 다른 사람들한테 모범을 보여야 하거든요. 아시다시피 승려가 되려고 이곳에 온 사람들은 많은 걸 포기했습니다. 그만큼 기대와 두려움도 크지요. 그래서 주지는 매사에 아주 세심하게 신경 써야 합니다. 거의 공인이나 마찬가지라서 책임질 일도 아주 많고요. 게다가 우리 중 대다수는 조용한 곳에서 은둔 생활을 하려고 이곳에 왔습니다. 아무도 주지를 맡겠다고 선뜻 나서지 않으니, 저는 제가 그 책임을 지는 게 마땅하다고 여겨 요청을 수락했답니다. 그 때문에 너무 바빠서 12년 동안 한 주도 쉬지 못했습니다. 그래서 가족을 방문하러 고향에 가기까지 16년이 걸렸습니다."

그 말은 어머니가 듣고 싶어 했던 답변과 거리가 멀었

습니다. 저는 어머니가 뭐라고 반응했는지 알아듣지 못했지만, 표정으로 봐선 이렇게 말하는 것 같았지요. '우리 비욘이 그렇게 오랫동안 가족과 떨어져 지낼 리가 없어요.'

수도원장을 뜻하는 영어 단어 애벗abbot은 기독교적 색채가 강해 불교에서 쓰기엔 다소 어색합니다. 흔히 쪼그려 앉아서 치즈를 만드는 중세 수도사의 모습을 연상하게 되지요. 불교에서는 사원이 잘 유지되도록 주관하는 승려를 흔히 주지住持라고 부릅니다. 사원의 최고 책임자인 셈입니다. 사원에는 주지 외에 원로 승려들도 있습니다. 10년 이상 수행한 원로 승려에게는 아잔Ajahn이라는 칭호를 부여하는데, 태국 말로 '스승'을 뜻합니다.

우리 사원은 세계 각국에서 온 승려들이 머물렀기에 상당히 독특한 분위기를 띠었습니다. 때로는 문화적 차이가 두드러지게 나타났습니다. 특히 위계 구조는 서양 승려와 동남아시아 승려 간에 문화적 기대치가 아주 다른 영역이었지요. 태국은 전통적으로 가부장제가 발달했고 위계질서가 엄격합니다. 태국을 비롯한 동남아 지역에서 온 승려들은 사원 생활을 전통적인 가족과 비슷한 구조로 해석하고 접근했습니다. 주지 스님은 그들의 '아버지' 같은 존재였지요. 그런 관점에서 그들은 명확한 위계 구조를 당연하게 여겼고, 아버지 같은 지도자를 믿고 따랐습니다. 반면 서양인 승려들은 사원 생활을 직장에서 일하는 것과 비슷하게 간주했고, 주지 스님을 일종의 '상사'로 보았습니다. 그런 만큼 기본적으로 신뢰도가 더 낮았으며, 울력이 배분되거나 의무가 부과될 때 순순히 받아들이지도 않았습니다.

태국에서의 삶에서 감정에 귀 기울이는 것은 당연한 일입니다. 자질구레한 일거리나 중요한 결정을 논의할 때, "이게 마음에 들지 않습니다"라거나 "일할 기분이 아니에요"라고 얼마든지 말할 수 있지요. 서구식 조직문화에서 자라온 우리 외국인 승려로서는 어떻게 그런 주장에 그렇게 큰 비중을 둘 수 있는지 이해하기가 어려웠습니다. 감정이라는 직관에 기댈 수 없고, 감정이 받아들여질 것이란 기대도 없었기에 우리는 모든 지시를 더 의심하고 시비를 가려야 했는지도 모릅니다.

태국 사원의 생활은 정해진 계율에 따라 흘러갑니다. 대개 예측할 수 있는 하루하루가 이어지지요. 그러다보니 자연스레 삶이 더 편안하게 느껴지기 시작했습니다.

거기에서는 서구 사회에서처럼 낯선 상황에 부딪힐 일이 많지 않기에 정신적으로 덜 피곤했지요. 사원에서의 생활이 길어지자 미친 듯이 휘몰아치던 생각의 소용돌이가 확실히 잦아들었습니다.

기상 알람은 새벽 3시에 울렸습니다. 30분 뒤, 모든 승려들은 두 곳의 선당 중 한 곳에 모였습니다. 저는 꼭 두새벽에 일어나 선당까지 가는 여정에 좀처럼 익숙해지지 않았습니다. 오두막에서 내려와 숲길을 걸을 때면 툭툭 불거지고 구부러진 나무뿌리가 어둠 속에선 마치 뱀처럼 보였습니다. 게다가 실제 뱀이 나타날 때도 있었지요. 그래서 그냥 상상일 뿐이라고 자신을 속일 수도 없었습니다. 일부 승려는 무소유의 삶을 고집하느라 그 길을 손전등도 없이 맨발로 걸어가기도 했습니다. 저는 그렇게 용감하지 못했지요. 두 번 정도 뱀을 밟았는데 저는 그때마다 화들짝 놀라 "꽥"하고 소리를 질렀습니다. 게다가 밀림에 있는 사원에 출몰하는 뱀은 독 없는 작은 뱀이 아닙니다. 제가 선당까지 가는 여정을 무척이나 겁낸다는 것을 알게 되자 누군가가 저를 안심시키려고 한 이야기가 있습니다. 이곳의 뱀은 밟아도 물릴 일이 잘 없다는 겁니다. 워낙 느리다더군요. 왜냐하면 이 밀림에서 가장 독성이 강한 뱀은 빠르지 않아도 먹이 활동에 지장이 없으니까요.

"거참 다행이네요. 마음이 한결 놓입니다."

밀림 끝자락에 세워진 선당은 벽이 없어 바람이 잘 통했습니다. 아름드리 기둥들이 지붕을 받쳤고, 타일 바닥 한쪽에 황금색 불상이 놓여 있었습니다. 무척이나 아름다운 천장의 선풍기 몇 대가 달려드는 모기를 막느라 온 힘을 다했습니다. 승려들은 선당에 들어갈 때마다 무릎을 꿇고 절을 올렸습니다. 먼저 두 발과 무릎을 바닥에 댄 다음 두 손바닥과 이마도 천천히 바닥에 대고 나서 다시 일어나는 겁니다.

선당에 들어설 때만 절을 하는 게 아닙니다. 숲속 사원에서는 불상이 놓인 곳에 들어갈 때마다 불상 앞에서 삼배三拜해야 앉을 수 있습니다. 그리고 자리에서 일어설 때도 세 번씩 절을 해야 하지요. 하루를 보내다 보면 자연히 여러 차례 앉고 일어서야 했습니다. 숲속 사원의 거의 모든 장소에 불상이 하나 이상 놓여 있어서 매일 적어도 수십 번씩 절을 했지요. 처음에는 절이라는 행위가 몸과 마음에 낯설고 어색했습니다. 하지만 시간이 지나며 자연스레 그 뜻을 이해하게 되었습니다.

부처님은 매우 현명해서 의식의 본질을 꿰뚫어 보았지요. 각종 의식과 격식에는 본질적으로 아무 의미도 없어요. 우리가 거기에 의미를 부여하는 것입니다. 승려는 모든 행동에 그 자신에게 중요한 의미를 담아야 합니다.

단순히 계율이어서 했던 절은 시간이 흐르면서 하나의 믿음이 되었습니다. 무릎과 머리가 땅에 닿을 때마다 이 세상엔 제 요란한 자아보다 현명한 지혜의 원천이 존재한다는 확신이 들었습니다.

승려들은 절을 올리고 나서 불경을 독송했습니다. 젊은 나이에 삶을 마감한 예수님과 달리, 부처님은 서른다섯 살에 깨달음을 얻고 나서 45년간 가르침을 전파했지요. 수만 명에 달하는 동시대의 승려는 부처님이 신도들의 질문에 답하는 말씀을 외우는 일로 도락을 삼았습니다. 그 결과, 부처님의 말씀과 가르침은 다양한 게송偈頌과 경전으로 고스란히 전해졌습니다. 불경을 독송하고 나서는 하루를 여는 첫 번째 좌선이 길게 이어졌습니다.

승려는 해가 뜨기 전엔 사원을 나서지 못합니다. 하지만 동이 트고 나면 우리는 바리때를 들고 맨발로 길을 나섰지요. 저는 그 시간을 무척 좋아했습니다. 우리는 대여섯 명씩 뭉쳐서 각기 다른 방향으로 향했습니다. 일렬로 늘어서서 침묵 속에 마을을 돌아다녔지요. 바리때는 줄로 묶어 목에 걸었습니다. 사람들은 손수 준비한 음식을 우리에게 주려고 길가에서 기다렸습니다. 때로는 집 안에서 소리쳐 우리를 불러 세우고는 금방 나갈 테니 잠시만 기다려달라고 공손하게 부탁하기도 했습니다.

우리는 마을을 한 바퀴 돌면서 받은 선물을 들고 사원으로 돌아왔습니다. 과일이나 쌀, 달걀을 받을 때도 있고 비닐봉지에 담긴 음식, 바나나 잎에 감싸인 달콤한 떡 등을 받기도 했습니다. 무엇을 받았든 한 사람의 것이 아니라 모두 함께 나눌 몫이었습니다. 탁발한 음식은 커다란 에나멜 쟁반에 모두 모아 공양간으로 옮겼습니다. 거기서 다시 데우거나 조리한 다음 접시에 담아 날랐지요. 이따금 가족의 생일이나 장례를 치른 이들이 그들의 복을 빌며 음식을 시주하기도 했습니다.

사원에는 늘 먹을 게 풍족했습니다. 인근 주민들은 그들의 형편과 무관하게 사원에 찾아오면 언제나 음식을 대접받을 수 있었습니다. 사원이 위치한 지역은 태국에서 꽤 가난한 곳이었지요. 음식뿐 아니라 우리가 시주를 받은 물건도 당장 사용할 것이 아니라면 나누었습니다.

물건이나 재산은 쓰이는 것이지 쌓아두는 것이 아니었습니다. 사원이 쌓은 명성 덕분에 먼 대도시에서 찾아오는 부유한 이들을 비롯해 기꺼이 보시하는 신도가 많았습니다. 그러나 그렇게 보시받은 자원은 사원의 재산이 되지 않고 사람들에게 돌아갔습니다. 일례로 지역 병원의 가장 큰 부속 건물이 사원의 기부금으로 운영되고 있었지요. 이처럼 지역 주민들과 사원은 서로 주고 베푸는 끈끈한 관계를 맺고 있었습니다.

아침 8시 30분, 하루 중 유일하게 공양하는 시간이었습니다. 하루 한 끼만 먹는 일종식—種食에 적응하기까지 몇 년이 걸렸지요. 처음엔 걸으면서 명상하는 행선行禪 시간의 대부분을 피자와 아이스크림 생각만 하면서 보낼 정도였습니다. 사원에서 사흘 이상 머무는 승려와 손님은 음식이 나오기 30분 전에 공양간 옆의 선당에서 대기해야 했습니다. 마음을 차분히 가다듬고 음식을 기다리라는 뜻이었지요. 공양 시간은 무의식적으로 음식을 먹는 시간이 아니라 사색하는 과정이었습니다. 우리는 무릎 높이의 연단에 앉아 한 입마다 주의를 기울이며 고요히 음식을 먹었습니다. 앉는 자리는 수행한 기간에 따라 정해졌습니다. 승복을 가장 오래 입은 사람이 불상과 가장 가까운 곳에 앉아 먼저 공양했습니다.

공양은 9시 30분에 끝났습니다. 공양을 마친 다음 오후 3시까지는 정해진 일정이 없었습니다. '자유 시간'이라 부를 수 있겠습니다. 많은 이가 행선을 했습니다. 제가 가장 좋아하는 수행이었지요. 조금 느리게, 한 걸음씩 오로지 몸의 움직임과 땅의 느낌에 주의를 기울이며 걷다 보면 자꾸만 멀리 몽상 속으로 떠나버리는 제 의식도 몸과 하나가 되는 듯했습니다. 또한 좌선하든지 요가나 태극권을 하든지 다양한 활동을 할 수 있었습니다. 공부하거나 글을 읽고 쓸 수도 있고 청소와 빨래 등 가사를 하거나 낮잠을 자고 잡담을 할 수도 있었지요.

3시에서 5시까지는 울력하는 시간입니다. 부과된 일은 대체로 고된 육체노동이었지요. 어쨌든 사원은 열대 우림에 있고 이곳이 삶의 터전이니 하루가 다르게 자라는 식생을 다듬고 꺾지 않으면 곧 살 수도 걸을 수도 없게 되었습니다. 때로는 100명이나 되는 승려가 일렬로 늘어서서 시멘트가 담긴 작은 양동이를 서로 전달하기도 했습니다. 늘 만들어야 하고 고쳐야 하고 수리해야 할 것들이 즐비했습니다. 빗물을 수거하는 수조의 여과기가 덜걱거릴 수도 있고 누군가의 비자를 갱신하려고 인터넷에 접속해야 할 수도 있었습니다.

사원에 방문하는 여러 손님을 맞이하고 돌보는 지객_{知客}은 흔히 제게 떨어졌지요. 승려들은 머문 기간에 따라 각기 다른 책임 영역이 있었습니다. 저는 사원에서 생활한 기간의 절반 정도 동안 지객을 도맡았습니다. 아마도 여러 언어를 구사할 수 있어서였을 겁니다. 언제든 방해받을 수 있기는 했지만 저는 대개 그 일을 즐겁게 받아들였습니다. 우리 사원은 세계적으로 널리 알려졌을 뿐 아니라 실제 다양한 국적의 승려들이 머무는 곳이기도 했기에 방문자가 유난히 많았습니다. 우리가 어떻게 사는지 궁금해하는 관광객을 한가득 태운 버스가 거의 매일 찾아왔지요. 외국인뿐 아니라 태국인 중에서도 서양인 승려를 무척이나 신기하게 여기는 이가 많았습니다. 국민 대부분이 불교 신자인 태국인에게도 출가한다는 것은 보통 결심이 필요한 일이 아니었습니다. 하물며 우리는 서구의 고향과 문화를 떠나 수천 킬로미터 떨어진 곳의 사원으로 와서 부처님의 뒤를 따라 수행자의 길을 걷기 시작한 것이지요. 게다가 이 사원을 떠나지 않고 있어요! 어떤 태국인에게는 우리가 태국 불교에 깊은 자부심을 느끼게 해주는 존재인 것 같았습니다.

오후 5시. 마침내 기다리고 기다리던 차와 커피를 마시는 휴식 시간입니다. 승려들은 아침 공양을 하고 나서는 물만 마실 수 있는 만큼, 늦은 오후에 나오는 달콤하고 뜨거운 음료를 무척 고대했습니다. 특히 저는 심각한 커피 중독에 시달렸습니다. 하루 종일 졸음과 싸워야 했던 것도 아마 그 때문이었겠죠. 차를 마시는 시간은 담소가 오가는 즐거운 시간이었습니다. 이따금 스승님이 우리 질문을 받아주기도 하고, 때로는 설법을 나누었습니다.

6시 30분에서 7시쯤이 되면 자리에서 일어나 잔을 씻었습니다. 그때가 제게는 명상하기에 최적의 시작이었습니다. 카페인이 아직 혈관에 흐르는 만큼 쉽게 졸지 않았죠. 8시 30분이 되면 다시 선당에 모여 새벽 예불과 거의 같은 일과를 보냅니다. 절을 올리고 불경을 독송하고 좌선을 시작했지요. 보통은 9시면 자리를 정리하고 잠자리에 들었습니다. 일주일에 한두 번 정도는 스승님이 저녁 설법을 했고 그런 날이면 10시에 하루를 마무리하고 잠들 수 있었습니다.

어느 날 밤의 일이 유난히 생생하게 기억나네요. 차를 마시고 나서 혼자 명상에 들어갔던 때였습니다. 7시가 다 된 시간이라 어둑해졌는데 제 오두막을 밝히는 건 촛불

몇 개가 전부였습니다. 조용히 좌선하는데 어깨 너머에서 한 승려의 목소리가 들렸습니다. 공양간에서 누가 저를 급히 찾는다는 얘기를 전하러 왔다고 했지요. 이곳에서는 명상하는 승려를 방해하는 일이 극히 드물었으므로 누가 저를 찾는지 무척 궁금했지만, 그는 별다른 얘길 하지 않았습니다. 우리는 손전등을 챙겨 공양간으로 가는 길을 비추었습니다.

멀리서 보니, 두 사람의 어렴풋한 형체가 눈에 들어왔습니다. 우리가 가까이 다가가자 갑자기 환한 조명이 켜졌습니다. 눈이 너무 부셔서 깜빡거리는 와중에 누군가가 제 면전에 털 뭉치 같은 걸 불쑥 내밀었습니다. 알고 보니 바람 소리가 들어가는 것을 막으려고 털로 된 덮개를 씌운 마이크였지요. 눈을 제대로 뜨자 마이크를 내민 사람이 보였습니다. 익숙한 얼굴이었습니다. 벌써 몇 년이나 불도를 걸어왔건만 제 입에서 나온 말은 이것이 고작이었지요.

"텔레비전에서 봤던 분이로군요!"

바로 스웨덴 언론인 스티나 다브로브스키Stina Dabrowski 였습니다.

스티나와 카메라맨은 푸미폰 국왕을 인터뷰하러 태국

에 왔지만 막판에 국왕이 만남을 취소했습니다. 어쩔 줄 모르던 그들에게 때마침 스웨덴 영사관 직원이 스웨덴 출신의 대기업 임원이 라오스 국경 근처에서 출가해서 수행을 한다고 전한 겁니다. 스티나 일행은 태국까지 왔다가 아무 소득도 없이 돌아갈 수는 없어서 저라도 찾아왔던 것이지요. 그들은 24시간 동안 우리와 함께 머물기로 했고, 다음 날 아침부터 승려들의 일과를 계속해서 따라다녔습니다. 마을에서 탁발할 때, 스티나는 우리의 바리때에 바나나를 넣어주기도 했지요.

아침 공양을 마친 뒤, 스티나와 카메라맨은 밀림에서 멋진 장소를 물색한 다음 저와 앉아서 인터뷰를 진행하려고 널찍한 깔개를 펼쳐놓았습니다. 사원에 대한 스티나의 반응은 복합적이었습니다. 한편으론 상당히 좋은 곳이라 여기는 것 같았지요. 스티나는 이곳 사람들이 친절하고 차분하며 서로 말에 귀를 기울이고 도우며 사는 모습에서 평온함을 느꼈습니다. 한마디로 이곳 사람들이 현재를 알아차리고 살아가는 모습을 본 것이었죠. 그 점은 누구든 쉽게 좋아하는 부분입니다. 다른 한편으로 사원의 수행자는 사람들이 '보통의 삶'에서 소중히 여기는 모든 것에서 등을 돌린 이들입니다. 열심히 일하고 나서 동료들과 기울이는 술 한잔, 친구들과 함께하는 저녁 만찬, 연인과 나누는 깊은 친밀감, 자기 아이를 낳고 사랑하며 기르는 일 같은 것들 말이지요. 사람들이 공감하거나 납득하기 어려워하는 선택으로, 스티나의 생각도 다르지 않았겠지요.

스티나가 이런 질문을 던진 건 아마 그 의아함 때문이었을 겁니다. "그런데 비욘, 사람들이 죄다 승려가 되겠다고 마음먹는다면 세상은 어떻게 될까요?"

저는 차분한 목소리로 이렇게 대답했습니다.

"스티나, 세상 사람들이 죄다 방송사의 언론인이 되겠다고 결정할 때와 같지 않을까 싶습니다."

곰돌이 푸의 지혜

태국의 숲속 사원은 어떤 면에서 꽤 극단적입니다. 자극적인 것은 일절 찾을 수 없죠. 현대인이 시간을 흘려보내고 결과적으로 내면의 소리를 피하려고 활용하는 오락물이나 대중문화에 접근할 기회가 전혀 없었습니다. 사원 도서관에서 가장 많이 읽힌 책은 제 동생들이 해마다 크리스마스와 생일에 보내주었던『캘빈과 홉스』만화책 시리즈였습니다. 얼마나 많은 이가 이 만화책의 드높은 문학적 가치를 알아보았는지, 너덜거리지 않는 책장이 한 장도 없었습니다. 그중에서도『캘빈과 홉스』를 유

115

난히 좋아한 콘다뇨Kondañño라는 승려가 있었습니다. 희한하게도 콘다뇨는 명상과 불교에 관련된 활동에 전혀 관심이 없었습니다. 오히려 사원 생활의 현실적 측면, 즉 뭔가를 짓거나 만화책을 읽는 등의 활동만 좋아했지요. '완전하게 깨달은 이'라는 뜻을 담은 그의 승명을 생각하면 더 재미있는 일이었습니다.

어느 날 저는 선당에서 그날의 식사를 기다리고 있었습니다. 앞서 언급했듯이 날마다 23시간 30분 동안 금식하다 보면 음식에 과도하게 집중하게 되지요. 특히 제 집착은 심각했습니다. 그날도 자리에 앉아 자세를 잡고 기다리면서 상을 흘깃 쳐다보았습니다. 그날 상에는 제가 제일 좋아하는 메뉴가 올라와 있었지요. 코코넛밀크에 졸인 찹쌀밥과 잘 익은 망고였습니다. 맛있는 후식 생각 탓에, 그날 우리에게 주어진 음식에 감사하는 마음을 유지하기가 무척 힘들었습니다. 제 차례가 될 때까지 그 후식이 남아 있을지 계산하느라 머릿속이 분주했지요. 당시 저는 비교적 새내기 승려였던 터라 제 차례는 한참이나 뒤였습니다. 애타고 불안한 마음을 어떻게든 돌리려고 주위를 둘러보았습니다. 망고와 찹쌀밥 대신 다른 생각을 해야 했습니다. 그때 제 오른쪽으로 무척 화려한 원통형 용기가 눈에 들어왔습니다.

스톡홀름경제대학에 다니던 시절, 시장경제가 번창하려면 정보의 자유로운 흐름이 보장되어야 한다고 배웠습니다. 그래야 모든 행위자가 동일한 자료에 접근할 수 있기 때문이지요. 그런데 사원의 경제는 여러 면에서 대단히 불완전했습니다. 운영자금을 전적으로 보시와 공양과 시주로 마련했지만 시주하는 사람들에게는 그 어떤 것도 요구하지 않았습니다. 오로지 시주하고자 하는 사람들의 의사에 맡겨두었던 것입니다. 이 계율에 유일한 예외가 있다면, 그들이 우리를 돕고 싶은데 어떻게 하면 좋은지 알고 싶다고 문의했을 때 정도였습니다. 그렇지만 사람들은 대체로 그런 질문을 던지기보다는 우리가 필요하리라고 짐작한 것들을 시주했습니다. 그 결과 어떤 물건은 도무지 감당할 수 없을 만큼 많이 들어오곤 했습니다. 그중 하나가 휴지였지요. 승려들은 이 많은 휴지를 어떻게 하면 적절히 쓸 수 있을지 참신한 발상을 계속 떠올려야 했습니다.

방콕의 부유한 신도 중 한 사람이 일본에 방문했다가 두루마리 휴지를 담을 원통형 플라스틱 용기를 발견했습니다. 휴지 심을 느슨하게 한 다음 심에 감긴 휴지를 용기에 넣으면 중앙에 뚫린 구멍으로 적당한 길이만큼 뽑아 쓸 수 있는 통이었지요. 화장실용 휴지를 통에 담으니 식탁에 놓고 냅킨처럼 써도 전혀 거슬리지 않았습니다.

몇몇 아시아 국가, 그중에서도 일본 사람들은 키치적인Kitsch 취향을 때로 즐긴다고 알려져 있습니다. 앞서 언급한 원통형 플라스틱 용기도 딱 그런 물건이었습니다. 저는 밝은 노란색과 선명한 분홍색으로 헬로키티를 그려놓은 용기를 넋 놓고 바라보았습니다.

좀처럼 자극거리가 없다 보니, 휴지를 담는 통조차 제 관심을 잡아끌었던 것이지요. 혹시 뭐라고 쓰여 있지는 않나 자세히 보려고 통을 집어 들었습니다. 제가 아주 어렸을 때, 그러니까 휴대폰이 없던 시절에 사람들이 아침 식탁에서 우유갑 뒷면의 글까지 모조리 읽던 때와 같은 행동이었죠. 과연 소득이 있었습니다. 용기 밑면에 영어로 몇 마디가 쓰여 있는 것을 발견하고 기쁜 마음으로 글귀를 읽어 내려갔습니다.

지식은 자신이 아는 것을 자랑한다. 지혜는 자신이 모르는 것 앞에서 겸손하다.

누가 상상이나 했겠어요! 휴지를 담는 알록달록한 통 바닥에 적힌 글귀에서 시간을 초월하는 지혜를 발견하다니. 글귀는 확신이 얼마나 위험한지 경고하고 있었습니다. 이미 안다고 생각하는 것에만 매달리면, 어떤 경험이나 배움도 우리에게 스며들 수 없게 되어 너무나 많은 것을 놓치게 됩니다. 더 높은 지혜에 도달하고 싶다면, 신념과 확신을 살짝 내려놓고 우리가 실은 그다지 아는 것이 없다는 사실에 좀 더 익숙해져야 합니다. 안다고 생각하는 것이야말로 큰 문제로 이어질 수 있습니다. 그렇지만 잘 모른다는 점을 알면, 심각한 문제로 이어지는 일이 좀체 없습니다.

이미 안다고 생각하는 것에만 매달리며 살아간다면, 어떻게 새로운 것을 찾을 수 있을까요? 어떻게 지혜를 배울 수 있을까요? 어떻게 우리 내면을 확장하고, 다른 방법을 고안하고, 인생의 즐거움을 느낄 수 있겠습니까? 아는 것에 집착하는 사람이 하나에 하나를 더하면 셋이 되는 방법을 찾을 수 있을까요?

내면의 지혜에 귀를 닫고서 자기 생각에만 매몰되어 확신이 가득한 사람이 어떤 느낌을 주는지 잘 보여주는 일화가 있습니다. 영국의 지혜가 담긴 명작 동화 『곰돌이 푸』에 나오는 이야기지요.

푸와 피글렛이 함께 걸어가고 있었습니다. 빨간 티셔츠를 입은 푸와 분홍색 수영복을 입은 피글렛이 눈앞에 선하지 않나요? 두 친구는 토끼네 집에 잠시 들렀다가 나오는 길입니다. 푸가 말했습니다. "토끼는 참 영리해." "맞아, 토끼는 참 영리해." 피글렛이 맞장구를 쳤습니다. "게다가 토끼는 머리가 똑똑해." 푸가 칭찬을 계속했습니다. "맞아, 토끼는 머리가 좋아." 피글렛이 다시 맞장구를 쳤습니다. 둘 사이에 한참 침묵이 이어지더니 푸가 다시 입을 열었습니다.

"그래서 토끼는 아무것도 이해하지 못하나 봐."

누구든 공감할 이야기일 겁니다. 자기 생각의 안개에 갇힌 사람들은 현재에 관심을 온전히 쏟지 못하지요. 생각은 이리저리 뻗어나갈지언정 그들의 시야는 극히 좁습니다. 토끼는 머리가 좋고 영리할지도 모릅니다. 하지만 토끼나 곰돌이 푸 중에서 누구로 살고 싶으냐고 묻는다면, 적어도 제 답은 정해져 있습니다. 저는 우리 모두 내면의 곰돌이 푸를 찾아야 한다고 생각합니다. 푸처럼 눈을 동그랗게 뜨고, 감각과 마음을 깨우고, 매 순간의 새로움을 알아차리며 세상 속으로 나아가야 합니다.

자기가 이미 안다고 생각하는 것들에만 매달리는 토끼 같은 사람과 대화할 때면 별로 즐겁지 않습니다. 그런 이들은 바로 앞에 앉아 있으면서도 제 말에 좀체 귀를 기울이지 않는 것 같아요. 마치 제 말이 끝나자마자 뭐라고 대답할지 궁리하느라 바빠 정작 내용에는 관심이 없는 것처럼 느껴집니다. 실제로 제가 무슨 이야기를 했든 보고서라도 되는 듯 계속해서 평가하고 검토하고는 그들의 세계관에 들어맞는 생각이나 관점만을 인정해주지요. 그런 관계에서는 전혀 마법 같은 일이 일어나지 않아요. 달리 말해서 그런 사람들과 같이 있으면 따분하기 그지없지요.

반대로 우리에게 관심을 기울이고 호기심 어린 눈빛으로 귀를 기울이는 사람에게 마음을 터놓을 땐 얼마나 좋은지요. 잠시라도 제 입장에서 생각하고 뒤를 받쳐 주는 사람이 있다는 건 참으로 든든합니다. 그와 같은 경청은 그 자체로 치유 효과가 있습니다. 그렇게 들어주는 사람을 만났을 때 우리는 자기 자신의 모습을 새롭게 발견하게 되지요. '와, 나 좀 봐. 그동안 내가 생각하거나 느끼거나 믿는지도 몰랐던 것들을 말하고 설명하고 공유하고 있잖아!' 아무런 편견이나 판단 없이 귀를 기울이면 다른 사람은 둘째치고라도 먼저 자기 자신을 더 잘 이해할 수 있게 됩니다. 이 이야기를 꼭 기억하기 바랍니다. 언젠가 필요할 날이 올 테니까요.

지금쯤 다들 눈치채셨겠지만 저는 옛날이야기를 아주 좋아한답니다. 어디서 유래한 이야기인지는 모르겠지만 어쨌든 들려주고 싶군요. 어느 날 어떤 남자가 산을 오르기 시작했습니다. 중턱쯤 올라간 남자의 눈에는 앞으로 닥칠 절벽이 얼마나 가파른지가 잘 보였습니다. 유일하게 있는 길은 비좁고 비에 젖어 미끌미끌하기까지 했습니다. 게다가 길 한가운데 유난히 둥글고 반들거리는 돌이 있었지요. 하지만 남자는 그 돌을 미처 못 보고 그만 밟아버렸습니다. 순식간에 남자는 절벽 쪽으로 미끄러져 떨어졌습니다. 남자는 뭐라도 붙잡으려고 필사적으로 두 팔을 허우적거리다가, 천만다행으로 절벽 바위틈에서 수평으로 자란 작은 나무를 가까스로 붙잡았습니다! 남자는 나무를 꽉 잡고 버텼습니다.

남자는 지금껏 영혼이나 내생에 대해 생각해본 적이 단 한 번도 없습니다. 막연한 종교적인 믿음조차 가진 적이 없었지요. 시간이 꽤 흘렀습니다. 나무를 꼭 붙잡은 남자의 두 팔에서 천천히 힘이 빠져나가기 시작했습니다. 두 팔은 이제 조금씩 떨리고 있었죠. 발아래로는 500미터 낭떠러지가 펼쳐져 있었습니다. 마침내 남자는 더 버티기 어렵다는 걸 깨달았습니다. 겁이 덜컥 난 남자는 하늘을 쳐다보며 확신 없이 머뭇머뭇 말했습니다.

"저기요, 하느님! 내 말 들리세요? 당신이 진짜로 존재한다면 나를 좀 도와줄 수 있나요?"

잠시 뒤, 하늘에서 깊고 위엄 있는 목소리가 들려왔습니다.

"나를 불렀느냐. 널 도와줄 수 있다만, 반드시 내가 하라는 대로 해야 한다."

남자가 말했습니다.

"뭐든 말씀만 하세요!"

하느님이 답했지요.

"손을 놓아라."

남자는 몇 초 동안 생각하더니 다시 말했습니다.

"어… 거기 누구 다른 분은 없나요?"

저는 이 남자에게서 저 자신을 봅니다. 저 역시 확신에 사로잡혀 있을 때는 딱 저렇게 행동하거든요. '절대이 생각을 내려놓을 수 없어. 왜냐하면 그게 옳으니까.'

누구나 이러한 '논리'에 빠지곤 합니다. 우울하고 무기력할 때는 더욱 특정 신념에 지나치게 집착하게 됩니다. 그런 생각이 우리를 얼마나 해칠 수 있는지, 또 해로운 생각을 믿을 때 얼마나 큰 정신적 고통을 자초할 수 있는지 간과하기 쉽습니다. 그런 사실을 책에서 읽었던 기억이 떠올라도 다음 순간 우리는 고개를 젓지요. '그래, 뭐 그럴듯하게 들리네. 하지만 이 생각은 절대로 내려놓지 않을 거야. 이게 사실이니까. 이게 옳으니까.'

그 순간 이미 좁아져 버린 자신의 관점에서 그게 사실입니다. 의심할 여지도 없이 옳아요. 하지만 그 확신이 우리에게 어떤 영향을 끼치고 있습니까?

내려놓기는 어쩌면 제가 배운 가장 중요한 가르침일 겁니다. 내려놓기의 지혜는 참으로 심오합니다. 내려놓을 수 있을 때 얻는 것은 끝이 없지요. 우리를 쓸모없는 존재라고 느끼게 하고 외로움과 두려움을 부르는 생각들은 내려놓는 순간 힘을 잃습니다. 설사 그 생각이 '옳다' 하더라도요. 물론 말은 쉽고 실천은 어렵습니다. 하지만 가장 내려놓기 어려운 생각이 결국엔 우리에게 가장 해로울 수 있다는 사실을 깊이 들여다보길 바랍니다.

마법의 주문

　　우리는 일주일에 한 번씩 밤을 새워가며 명상하는 철
야정진微夜精進을 했습니다. 이따금 불경도 외우고 절도
하지만 대부분 시간을 조용히 묵상默想하며 보냈지요. 이
날은 불교식 안식일과 같아서 모든 예불이 꽤 엄숙했습
니다. 저는 늘 기대와 걱정으로 이날을 고대했습니다. 밤
의 고요 속에서 묵상에 몰두하는 순간에만 느낄 수 있는
기쁨이 있었기에 기대하고, 밤새 내내 깨어 있는 것이 너
무도 힘들었기에 걱정했습니다.

　　어느 날 밤이 여전히 어제 일처럼 생생합니다. 구름

한 점 없는 하늘에는 보름달이 떠 있었고 바람 역시 한 점 불지 않았습니다. 우리는 사방이 트인 아름다운 선당에 모였습니다. 바깥의 숲에서 온갖 소리가 들려왔지요. 새들이 지저귀고 곤충들이 날아다니고 짐승들이 낙엽을 밟으며 지나갔습니다. 여느 때처럼 향 사르는 냄새와 호랑이 연고 냄새가 은은히 코를 스쳤지요. 연꽃으로 아름답게 장식된 선당을 수백 개의 촛불이 밝혔습니다. 3미터에 달하는 거대한 황동 불상 두 좌가 우리를 내려다보고 있었습니다. 철야정진이 열리기 전날, 서른 명의 승려들이 브라소 광택제로 꼼꼼하게 윤을 내어서 불상은 은은한 촛불 빛에도 황금처럼 반짝거렸지요.

선당은 시간이 갈수록 승려와 신도로 가득 찼습니다. 마침내 150명 정도가 가부좌를 틀고 앉아 좌선에 들어갔습니다. 적어도 149명은 분명히 명상을 했을 겁니다. 하지만 제게 철야정진은 굴욕을 견디는 수행이나 다름없었습니다. 수마睡魔가 덮쳐오면 졸지 않고 버티는 게 거의 불가능했어요. 물론 노력하지 않았던 건 아닙니다. 그러나 아무리 애를 써도 저는 야간에 항해하는 배처럼 앞뒤로, 좌우로 계속 흔들렸습니다.

우습지 않습니까? 저는 어쩌면 바로 이 순간을 위해

너무나 많은 것을 포기했습니다. 전도유망한 직장을 그만두었고, 재산을 다 나눠주었으며, 사랑하는 사람들을 떠나 머나먼 땅으로 왔습니다. 순전히 태국의 숲속에서 수행하는 승려가 되려는 목적으로 말입니다. 그런데 정작 승려가 해야 하는 그 일, 깨어 있는 시간 대부분을 들여 몰입하는 수행을 저는 좀처럼 제대로 해내지 못하는 것 같았습니다.

하지만 저만 그런 게 아니었습니다. 저와 똑같은 문제로 시달리는 안타까운 영혼이 꽤 있었습니다. 특히 미국에서 온 승려 한 명은 이 문제에 대해 저보다 더 절박하게 고민했던 게 분명합니다. 철야정진을 하던 어느 날 그는 자신의 오두막에 가서 기다란 천을 들고 돌아왔습니다. 그런 다음 선당 뒤쪽 기둥으로 가더니, 그 천을 벽걸이 선풍기 몸체에 감았지요. 그는 천의 흘러내린 부분에 작은 고리를 만든 다음, 서 있는 자세로 명상하다 넘어지지 않도록 고리에 머리를 집어넣었습니다.

정기적으로 방문하는 신도 가운데 아주 고상하고 사랑스러운 노부인이 있었습니다. 노부인은 여든을 넘긴 나이인데도 철야정진에 한 번도 빠지지 않았습니다. 백발은 틀어 올려 쪽을 졌고 동그스름하고 온화한 얼굴은 늘 환하게 빛났습니다. 반쯤은 극락계에 도달한 듯 보였지요. 놀랍게도 노부인은 늘 철야정진을 끝까지 수행했습니다. 빗자루처럼 꼿꼿한 자세를 유지하는데도 전혀 불편하거나 경직된 것처럼 보이지 않았습니다.

그날 밤 어느 시점에 노부인이 화장실에 가려고 우리를 지나쳐 갔습니다. 다시 돌아왔을 때, 노부인은 우리를 잠시 살피더니 선당 앞쪽으로 걸어가더군요. 그리고 주지 스님 앞에 무릎을 꿇고 앉았습니다. 명상하는 사람을 방해하는 것은 예의에 어긋나므로 노부인의 행동은 대단히 이례적이었습니다. 어쨌든 노부인은 주지 스님에게 나직한 목소리로 말했습니다. "방해해서 죄송합니다, 스님. 하지만 저도 어쩔 수 없어서요. 저 뒤쪽에서 미국인 스님이 목을 매려고 하거든요."

다시 150명 가량의 신도가 철야정진을 하던 날로 돌아가서, 다행스럽게도 자정 무렵에 잠이 달아날 일이 생겼습니다. 미국에서 재즈피아니스트로 활동했다고 들었던 사미승 한 사람이 알루미늄 냄비를 몇 개 들고 선당으로 왔습니다. 그는 지난 한 시간 동안 다른 사미승 몇 명과 함께 공들여 달고 진한 커피를 준비했던 것이지요. 아름답고 바람이 잘 통하는 선당에 가부좌를 틀고 앉아 있던 나머지 스무 명 정도 되는 승려는 커피를 받아 들고 성수聖水라도 되는 양 경건히 마셨습니다. 커피를 이렇게 잘 타는 걸 보니, 저 사미승은 분명히 언젠가 성불할 것이라고 농담을 나누었습니다.

마침내 스승님이 그날의 설법을 전하려고 선당 앞쪽으로 걸어 나왔습니다. 제가 첫 번째로 모신 주지 스님인 아잔 파사노 스님은 그때 이미 태국을 떠나 미국에서 새로운 사원을 연 뒤였습니다. 뒤이어 주지를 맡은 분은 아잔 자야사로Ajahn Jayasaro 스님이었는데, 전임자 못지않게 존경받았지요. 스님은 가부좌를 틀고 앉아 황토색 승복을 단정하게 정돈했습니다. 마음이 바다처럼 넓고 정신이 칼날처럼 예리해서 부드러움과 강인함을 두루 갖춘 분이었습니다.

선당에 모인 승려와 신도들은 모두 눈과 귀를 활짝 열고 스님의 말씀에 집중했습니다. 아잔 자야사로 스님은 영국인이었지만 어느 나라 말을 사용해도 언변이 뛰어난 분이었지요. 그날 밤에도 뜻밖의 말로 우리 마음을 사로잡았습니다.

"오늘 밤엔 여러분에게 마법의 주문을 알려드리고자

합니다."

다들 깜짝 놀랐습니다. 숲속 사원에서는 전통적으로 마법과 신비주의를 멀리하니까요. 제가 속한 종파는 그런 것들에는 아무런 가치도 없다고 말합니다. 그렇지만 아잔 자야사로 스님은 유창한 태국어로 차분하게 말을 이어 나갔습니다.

"갈등의 싹이 트려고 할 때, 누군가와 맞서게 될 때, 이 주문을 마음속으로 세 번만 반복하세요. 어떤 언어로든 진심으로 세 번만 되뇐다면, 여러분의 근심은 여름날 아침 풀밭에 맺힌 이슬처럼 사라질 것입니다."

우리는 모두 스님의 손바닥 안에 있었지요. 잠시 침묵이 흘렀습니다. 다들 숨죽이고 스님의 다음 말을 기다렸지요. 스님은 몸을 살짝 내밀더니 극적인 효과를 내려고 한 번 더 뜸을 들인 뒤 입을 열었습니다.

"자, 다들 그 주문이 뭔지 궁금하시죠? 바로 알려드리겠습니다.

내가 틀릴 수 있습니다.

내가 틀릴 수 있습니다.

내가 틀릴 수 있습니다."

그 뒤로 20년이라는 세월이 흘렀지만, 저는 그 주문을 들려주던 스님의 목소리를 지금도 생생하게 기억합니다. 뇌가 분석하기도 전에 몸이 먼저 진실을 인식하고 반응할 때의 기분을 다들 알 겁니다. 그런 말은 여러분의 몸과 마음에 새겨져 절대 사라지지 않지요.

말은 이렇게 하면서도 솔직히 고백하자면, 이 주문은 제가 가장 필요할 때 퍼뜩 떠올리기가 참으로 어렵습니다. 하지만 일단 떠올리면 언제나 확실한 효과를 발휘하지요. 더 겸손하고, 더 건설적인 방향으로 갈 수 있게 합니다. 이 지혜는 시대를 초월하며, 특정한 종교에 한정되지도 않습니다.

내가 틀릴 수 있습니다. 참으로 단순하고 명쾌한 진실이지만, 우리는 너무나 쉽게 잊어버립니다.

예전에 한 강연에서 이 마법 주문에 얽힌 이야기를 들려주었습니다. 그 강연엔 마침 제 아내인 엘리사베트도 참석했었지요. 다음 날 아침, 우리는 아침 식사를 하면서 가볍게 언쟁을 벌였습니다. 제 안에는 고집 센 네 살배기 꼬마가 사는데, 이 꼬마는 사소한 일로 불쑥 튀어나오곤 합니다. 흥분하거나 괴로워해봤자 별 소용이 없는데도 그 순간에 참지 못하고 화를 터뜨려요. 정당한 근거가 없다는 사실을 알면서도 일단 우기고 봅니다. '아차!' 싶었을 땐 이미 늦었지요. 고맙게도 제 아내는 저보다 더 침착하고 감정적으로 성숙한 사람입니다. 그래서 그날 아침에도 네 살배기 꼬마를 상대로 유머 감각을 잃지 않고 침착하게 말했습니다. "비욘, 당신이 어제 강연에서 말했던 그 주문 말인데, 지금이 그 주문을 사용할 적기 아닐까?"

그러자 식탁 건너편의 네 살배기 꼬마가 아랫입술을 삐죽 내밀고서 이렇게 말했지요. "아니, 난 지금 다른 주문을 사용할 거야. 당신이 틀릴 수 있습니다."

지금의 제 이야기에는 반쯤 농담이 섞인 것도 맞습니다. 이 주문의 사고방식이 지나치게 단순하다고 느낀다면 그것 또한 이해합니다. 하지만 이 단순하면서도 겸손한 관점을 유지하기란 정말이지 쉽지 않습니다. 특히 흥분한 상태에서라면 더욱 그렇습니다. 이 지구상에서 의례적인 말이 아니라 진심으로 "내가 틀릴 수 있다"라고 쉽사리 인정하는 자아를 과연 단 한 사람이라도 찾을 수 있을까요?

아니요.

그렇다면 인간인 우리는 더 큰 존재에, 자신이 틀릴

수도 있다고 항상 인식하는 더 큰 존재에 접근할 수 있을
까요?

물론입니다.

대다수 사람이 대체로 자기가 틀릴 수 있다는 점을 기
억한다면 세상이 어떻게 보일까요? 우리는 어떤 대화를
나눌 수 있을까요?

800년 전, 페르시아의 이슬람교 신비주의자이자 위대
한 시인인 루미Rumi는 이렇게 말했습니다. "악행과 선행
이라는 개념 너머에 너른 들판이 있다. 그곳에서 당신을
만날 것이다." 저는 점점 더 많은 사람이 그 들판을, 그
리고 그곳에서의 그 만남을 고대한다고 확신합니다.

훗날 태국을 떠나 영국의 어느 사원으로 옮겼을 때,
저는 누군가와 사소한 일로 언쟁을 벌였던 적이 있습니
다. 우리 훌륭한 아잔 수시토Ajahn Sucitto 주지 스님이 저를
물끄러미 바라보며 이렇게 말했습니다. "옳다는 것이 결
코 핵심이 아니라네."

저도 그렇다는 것은 당연히 알고 있었습니다. 하지만
옳고 그름을 따져야만 하는 것은 제 안에, 우리 안에 거
의 본능처럼 깊이 새겨져 있었던 것이지요. 다행히 처음
부터 잘해야 한다는 법은 없습니다. 누구나 시행착오를

거칠 권리가 있어요. 인간은 본래 자신이 더 행복해지는 방향으로 살아가려는 습성이 있습니다. 그리고 '내가 틀릴 수 있어. 내가 다 알지는 못해'라는 생각에 익숙해지는 것만큼이나 우리가 확실하게 행복해질 방법은 흔치 않습니다.

우리는 거의 무의식적으로 직감을 현실이라고 믿습니다. 주변에서 벌어지는 온갖 사건을 정확하게 해석할 수 있다고, 다 간파할 수 있다고 생각합니다. 어떤 상황이 옳은지 그른지, 좋은지 나쁜지를 판단하고 결정할 수 있다고 믿지요. 우리는 걸핏하면 삶이 우리가 원하는 방식대로, 우리가 계획한 방식대로 마땅히 흘러가야 한다고 생각합니다. 하지만 실상은 좀처럼 그렇게 되지 않습니다. 우리의 막연한 관념과 의지대로 삶이 이루어지리라고 기대하지 않는 것이 지혜의 시작입니다. 우리가 극히 무지하다는 것을 이해할 때, 지혜가 싹틉니다.

인간은 본래 자신이 더 행복해지는 방향으로
살아가려는 습성이 있습니다.
그리고 '내가 틀릴 수 있어. 내가 다 알지는 못해'라는
생각에 익숙해지는 것만큼이나
우리가 확실하게 행복해질 방법은 흔치 않습니다.

토마스 산체스, 「둥근 달을 명상하다」

아홉 번의 실패

숲속 수행의 전통을 따르는 승려들은 숲이나 밀림에서만 살아가려고 최선을 다합니다. 하지만 생명 유지에 필요한 식량의 재배는 다른 사람들에게 전적으로 의존하고 있으므로 문명사회와 너무 멀리 떨어져서 살 수는 없습니다. 따라서 대다수 사원이 한 곳 이상의 마을을 끼고 있지요. 흔히 화장火葬 숲으로 불리는 곳이 사원을 짓는데 적합한 장소로 꼽힙니다. 화장터가 들어서는 인근의 숲은 사람들이 다닐 수 있도록 길이 뚜렷하게 나 있고 삼림 관리도 어느 정도 되기 마련입니다. 우리 사원도 그런 숲에 세워졌지요.

화장 숲은 태국인이 시신을 태우는 장소입니다. 한 달에 한 번 혹은 여러 번, 마을 사람들은 뚜껑을 덮지 않은 커다란 관을 들고 와서 화장 용으로 세워진 봉분에 올려놓습니다. 그런 다음 관 아래쪽에 불을 붙이고 시신이 불타는 모습을 지켜봅니다. 저 또한 그 광경을 일상적으로 목격하다 보니 죽음을 어느새 삶의 의미 있는 한 부분으로 자연스럽게 받아들이게 되었습니다.

주변 환경이 아름다운 것 외에도 화장 숲이 사원을 짓기에 적합한 또다른 이유는 태국 사람들이 귀신을 워낙 두려워한다는 데 있습니다. 어찌 보면 수행하는 승려들의 호젓한 삶이 어느 정도 보장되는 것도 이 덕분이지요. 많은 마을 사람이 화장 숲 주변에 귀신이 출몰한다고 믿었고, 그래서 화장 숲 가까이에 오는 걸 두려워했습니다. 특히 밤에는 숲 주변에 얼씬도 하지 않았습니다.

우리 승려들은 해마다 2월이면 태국 북동부의 찌는 듯한 더위를 피해 미얀마 국경의 시원한 고지대 밀림으로 갔습니다. 한번은 버스가 깐짜나부리Kanchanaburi 외곽에 있는 어느 마을에 멈춰 섰습니다. 그런데 무슨 일인지 우리가 버스에서 내리기 무섭게 마을 사람들이 달려오지

뭡니까? 그들의 사정을 들어본즉슨 섬뜩한 비명 때문에 밤새 잠을 못 잔다고 호소하는 것이었습니다. 게다가 이 특별한 귀신들은 영어로 비명을 내지른다는 거예요. 이 마을에는 제2차 세계대전까지 거슬러 올라가는 공동묘지가 있었습니다. 알고 보니 이곳은 일본 제국의 육군이 군수물자를 나르고자 건립한 이른바 '죽음의 철도'인 버마 철도와 '꽈이강River Kwai의 다리' 인근이었습니다. 그때 당시 철도를 짓느라 전쟁포로로 잡혀 왔던 수많은 연합군과 현지인이 동원되어 혹사를 당했고, 그 결과 수만 명이 사망했습니다. 이곳은 그렇게 죽은 수많은 연합군 병사가 묻힌 곳이었지요.

대부분 서양인으로 구성된 스무 명 정도의 숲속 승려가 공동묘지에 둥그렇게 섰습니다. 부처님의 법문과 염불을 팔리어로 한참 동안 암송했습니다. 그런 다음, 아잔 자야사로 주지 스님이 귀신들을 향해 이번에는 영어로 말했습니다. "우리는 평화로운 사람들입니다. 여러분은 밤마다 비명을 지르며 마을 사람들을 두렵게 하는군요. 당신들은 이제 이 세상 사람이 아닙니다. 이곳은 여러분을 위한 자리가 아닙니다. 이젠 가야 할 때가 됐습니다. 부디 평안히 가십시오."

그것으로 족했습니다. 효과는 있었습니다. 더는 아무도 귀신들의 비명을 듣지 못했거든요. 마을 사람들은 그들의 삶을 살 수 있었고 우리는 우리 길을 갈 수 있었습니다.

매년 두 달간 고지대 밀림에서 생활하는 시간은 제가 자연의 일부라는 것을 절감하게 되는 시간이기도 했습니다. 버스가 더 올라갈 수 없는 곳에 이르면, 모두 버스에서 내려 꼬박 이틀을 더 걸어 올라갔습니다. 미얀마인 일꾼들이 밀림 안에 대나무로 간이 침상을 만들어주었습니다. 침상은 밀림 곳곳에 넓게 퍼져 있어서, 일단 잠자리에 들면 우리는 서로 보거나 들을 수 없었습니다.

밤이 되면 저와 밀림을 가르는 것은 모기장뿐이었지요. 엉성하게 엮은 지붕에서 벌레 기어가는 소리, 귀뚜라미 우는 소리, 나뭇잎에서 나는 정체불명의 바스락거리는 소리가 고스란히 들렸습니다. 그러다 보니 야생 초식동물의 마음으로 돌아갈 때도 있었습니다. 침상에 앉아 명상하다 말고 문득 제가 접시에 담긴 고기완자 꼴이 아닌가 하는 생각이 종종 들었던 겁니다. 금방이라도 누군가가 혹은 무엇인가가 다가와서 저를 게걸스레 먹어치울 것만 같았지요.

네덜란드에서 온 승려는 밤에 강가에서 호랑이 두 마리와 마주치기도 했습니다. 다행히 호랑이들은 배가 불렀던 모양입니다. 하지만 두말할 나위 없이 그는 혼이 나가 꽁무니 빠지게 달아났습니다. 그 뒤로 승려들 사이에는 '번개처럼 빠른 네덜란드인'에 관한 농담이 유행했습니다. 밀림의 생활에도 익숙해졌던 어느 날 밤, 저도 비슷한 일을 겪었습니다. 지축이 흔들리는 듯한 소리에 잠깐 잠이 깼지만 그냥 몸을 돌리고 잠을 청했지요. 다음 날 아침, 강이 굽이진 곳의 땅이 코끼리 발자국으로 움푹움푹 패어 있었는데, 제 간이 침상에서 20미터도 안 떨어진 곳이었습니다.

고지대 밀림에서 지내던 어느 날, 우리는 공양을 마친 뒤 불상을 옮기도록 도와달라는 요청을 받았습니다. 거대한 청동 불상을 산 정상에 있는 작은 정자까지 날라야 했습니다. 누군가는 권양기가 달린 랜드로버가 있었고, 다른 누군가는 불상을 올려놓고 굴릴 통나무가 있었습니다. 미얀마인들이 얼른 돕겠다고 나섰고, 태국인들도 소매를 걷어붙였습니다. 그리고 승려도 여러 명 달려들었지요. 하지만 우리 서양인 승려 중 몇 명은 소동을 피해

뒷걸음을 쳤습니다. 그리고 이곳저곳을 손가락으로 가리키며 그 일을 더 빨리, 더 손쉽게 해치울 방법을 제안했습니다. 그러자 아잔 자야사로 주지 스님은 제 어깨에 손을 얹더니 이렇게 말했습니다. "나티코, 이 일을 얼마나 효율적으로 수행하느냐는 중요하지 않다네. 이 일을 끝내고 우리가 어떻게 느끼느냐, 그 점이 중요하다네."

아침마다 우리는 바리때를 들고 계곡 주변을 한 바퀴 돌고 올라왔습니다. 긴팔원숭이들이 우거진 나뭇가지에 앉아 "우우" 소리를 질렀고, 반쯤 길이 든 코뿔새들이 남은 음식을 달라고 일찌감치 기다리고 있었습니다. 계곡 마을은 경제적으로 윤택하지 않았습니다. 당연히 우리의 공양도 부실했지요. 밥과 바나나, 정어리 통조림 정도가 전부였습니다. 사원에서 지낼 때보다 여러 면에서 훨씬 더 힘겨운 삶이었으며, 동시에 그 어느 때보다 저 자신을 혹독하게 마주할 수 있던 시간이었습니다. 그 이래 줄곧 제 삶을 풍요롭게 해준 경험이었습니다.

승려가 된 지 2년쯤 됐을 때, 저는 캄보디아 국경에 세워진 매우 열악한 숲속 사원에서 유일한 서양인 승려로 지내게 되었습니다. 이따금 멀리서 지뢰 터지는 소리가 들렸습니다. 가여운 소나 염소가 멋모르고 지뢰를 밟았던 탓이었습니다.

아잔 차 스님이 예전에 이런 말을 했습니다. "숲속 승려는 늘 내려놓으려 애써야 하지만, 열에 아홉은 실패하는 데 익숙해져야 합니다." 국경의 사원에서 지내던 시절, 저는 날마다 이 말씀을 상기해야 했습니다. 특히 공양 시간에는 끊임없이 마음속으로 중얼거려야 할 정도였습니다. 탁발하고 오면, 바리때를 아잔 반종Ajahn Banjong 스님에게 건넸습니다. 스님은 그걸 커다란 들통에 쏟았습니다. 탁발의 전통이 있는 숲속 승려들은 보통 채식을 하지 않습니다. 무엇이든 주어지는 음식을 먹는 것 또한 수행의 일부입니다. 그래서 좋을 때도 있었지만 전혀 그렇지 않을 때도 있었습니다. 이번이 후자의 경우였지요. 털이 다 벗겨지지도 않은 물소 고기와 닭꼬치, 말린 생선이 한데 뒤섞였습니다. 아잔 반종 스님은 늘 이렇게 말했지요. "자, 음식은 보약과 같습니다. 젊은 승려들은 편식하는 습관을 내려놓는 게 좋습니다."

결국 그해에 저는 과일을 엄청나게 먹었습니다.

3개월이나 이어지는 우기가 닥치면, 승려들은 평소보다 훨씬 더 명상에 집중했습니다. 아잔 반종 스님은 아침 좌선 시간에 우리더러 성냥갑을 머리에 얹으라고 지시했습니다. 두 번 이상 성냥갑을 떨어뜨리면 그날은 다른 반찬 없이 밥만 먹어야 했습니다. 저 같은 잠꾸러기한테는 말할 것도 없이 엄청난 도전이었지요. 하지만 저는 그해 우기에 단 하루만 반찬 없이 밥을 먹었습니다. 성냥갑 한쪽에 거친 천 조각을 붙인 데다가 상체는 앞으로 수그러져도 턱은 여전히 위로 향한 채 자는 법을 터득한 덕분이었지요.

　승려 4년 차에 서양인 승려가 전혀 없는 사원에 다시 한번 초대되었습니다. 1년 동안 머무는 일정이었지요. 저는 그 초대에 선뜻 응했습니다. 그 사원은 방콕 공항 근처에 있었습니다. 처음 사원이 설립될 때만 해도 주변에 논밭뿐이었다고 하는데, 10년쯤 흘러 제가 갔을 때는 주택지로 둘러싸여 있었습니다. 제 허름한 오두막에서 건너편 연립주택의 부엌이 고스란히 보였습니다. 누군가가 냉장고를 열면 내용물까지 보였는데, 유난히 차가워 보이는 싱하 맥주가 제 눈길을 끌었습니다.
　이상하게도 그해 내내 가슴속에서 뭔지 모를 슬픔이 맺히더니 점점 더 깊어졌습니다. 왜, 무엇 때문에 그러는지 도무지 알 수 없었지요. 그 슬픔을 온전히 느끼고 받아들이려 애썼습니다. 말을 걸어보기도 했습니다. 썩 물러가라고 호통도 쳐보고 외면하고 무시하기도 했습니다. 하지만 어떤 노력도 통하지 않습니다. 그냥 가슴속에 단단히 자리 잡고서 제 삶의 즐거움을 앗아갔습니다.

어느 날 오후, 차를 마신 뒤 자리에서 일어나는데 한계에 다다른 기분이 들었습니다. 이 상태로는 더 버틸 수 없을 것 같았습니다. 다시는 행복해질 수 없을 것 같았지요. 그래서 오두막으로 돌아와 겉옷을 벗어 걸고 향을 피운 다음, 황동 불상 앞에 무릎을 꿇었습니다. 두 손을 합장하고 불상을 향해 격앙된 목소리로 외쳤습니다. "더는 못하겠습니다. 내 힘으론 역부족이에요. 도저히 감당할 수 없다고요. 도와주세요." 그런 다음 절을 올렸습니다. 한 번, 두 번, 세 번….

가슴에 맺힌 슬픔이 천천히, 아주 천천히 변하기 시작했습니다. 저는 거부하지 않고 그 느낌이 저를 감싸도록 놔뒀습니다. 눈에 눈물이 고였습니다. 처음엔 주저하는 듯하더니 점점 더 강렬하게 솟구쳤습니다. 목구멍에서 신음이 터져 나오더니 격렬한 통곡으로 바뀌었습니다. 온몸이 흔들렸습니다. 하지만 저는 계속해서 절을 올렸습니다. 얼마 뒤 눈물이 조금씩 잦아들었습니다. 제 안

의 번뇌가 다 씻긴 것 같은 느낌에 마음이 한결 가벼워졌
습니다. 마침내 눈물이 다 마르자 저는 새로운 눈으로 주
변을 살펴보았습니다. 오래전 칼스크로나의 할머니 댁에
서 이른 아침에 경험했던 빛이, 천지 만물을 감싸고 도는
빛이 어렴풋이 보였지요. 그 빛을 다시 알아차리게 된 것
입니다. 그러자 마음이 평온해졌습니다. 무기력함을 마
주하자 기쁨의 문이 다시 열렸던 것입니다. 슬픔 대신 경
외감으로 가슴이 벅차올랐습니다.

토마스 산체스, 「경배」

나를 괴롭히는 그 사람은

인간이 겪는 심리적 고통 대부분은 자발적인 것이며 스스로 초래한 고통입니다. 이 진리는 부처님의 무척 위대한 발견 중 하나입니다. 또한 우리가 반드시 겪을 수밖에 없는 인간의 발달단계인 동시에 인간이라면 피할 수 없는 고통이기도 합니다. 제가 말하려는 것 또한 결국 이 이야기입니다. 우리는 우리를 고통스럽게 하는 생각을 굳게 믿습니다. 우리가 존재하기 버겁고, 어렵고, 복잡하게 하는 그런 생각 말입니다.

의식적이든 무의식적이든 내면의 어딘가에서 우리는

삶의 수많은 고통이 자기 자신의 생각 때문에 발생한다는 걸 알고 있습니다. 우리 마음의 고통은 대부분 외부의 사건으로 말미암은 것이 아니라 우리 안에서 끊임없이 이는, 즉 우리가 믿거나 믿지 않는 생각 때문에 일어나지요. 우리의 마음. 그곳이야말로 우리의 고통이 움을 틔우는 곳이며 생육하고 번성하는 곳입니다. 우리가 말리지 않는 한 그 생각은 마음껏 뿌리를 내리고 가지를 뻗을 겁니다.

그러나 마음의 고통이 내 안에서 나왔다는 것을 알더라도 아픔이 덜해지진 않습니다. 그 앎 자체로는 조금도 고통을 덜어낼 수 없습니다. 하지만 최소한 그 사실을 이해하면 고통을 새로운 방식으로 바라볼 수 있게 됩니다. 우리에게 떠오르는 모든 생각을 믿지 말아야 하는 주된 이유도 바로 여기에 있습니다.

하지만 고통이 자기 안에서 출발한다는 통찰력을 갖기란 어려운 일입니다. 머리로는 알아도, 진심으로 받아들이려면 아주 겸손해야 합니다. 고통이 저 자신에게서 출발한다고 받아들여 버리면 이제 상황이나 다른 사람을 탓할 수는 없습니다. 하지만 그때 비로소 새로운 질문이 떠오릅니다.

자기 생각이나 감정을 어떤 식으로 다뤄야 괴롭지 않을 수 있을까요?

사람은 누구나 다른 사람을 탓하기 좋아합니다. 우리 중 많은 이가 이런 생각을 품고 살아가지요. "만일 내 부모님이 다른 분이었다면… 직장 동료들이 그렇게 못되게 굴지만 않았어도… 정치인들만 좀 제대로 했어도…." 그런 굴레에 자꾸만 빠지는 인간의 속성을 바꿀 수는 없습니다. 그것은 우리 자아의 근본적인 속성이거든요. 지극히 자연스러운 일이죠. 삶이 힘들어지고 심리적 압박을 겪을 때, 남을 손가락질하는 것이 훨씬 편한 데다가 내 문제라고 생각하지 않아도 되니까요. 하지만 불쾌하고 불편하더라도 언젠가 반드시 자신에게 스스로 물어야 하는 질문이 있습니다. '현재 상황에서 나 자신의 고통을 덜기 위해 바로 지금, 바로 여기서, 내가 할 수 있는 건 뭐지?'

세상은 계속해서 움직이고 변화합니다. 변화의 방향은 우리가 원하는 것과 대체로 무관합니다. 그러나 세상이, 누군가가 우리 생각대로 바뀌어야만 내가 나로 살아갈 수 있는 것은 아닙니다. 우리가 압박감, 슬픔, 외로움, 불안, 초라한 기분에 시달린다면 보통 거기에는 다른 이

유가 있습니다. 우리가 집착하며 좀처럼 놓지 못하는 어떤 '생각'이 불행감을 초래하는 겁니다. 그런 생각은 대체로 그 자체로 보면 꽤 합리적이고 그럴싸합니다. 누군가가 뭘 '했어야 했다'라는 식이죠. 예컨대 '아빠는 그러지 말았어야 했어요', '엄마는 그런 말을 하지 말았어야 했어요', '명색이 친구들인데 그런 건 기억했어야 하는 거 아냐?', '자식들이 좀 더 돌봐줬어야지', '상사가 그 정도는 알았어야지', '배우자가 말이나 행동을 다르게 했다면' 하는 식이지요.

이보다 더욱 고통스러운 생각은 '내가 그랬어야 했다'라는 생각입니다. 예컨대 '내가 달라졌어야 했는데', '내가 더 현명했어야 했는데', '내가 더 열심히 일했어야 했는데', '더 돈이 많았어야, 더 나았어야, 더 날씬했어야, 더 성숙했어야 했는데'. 이 함정에 빠지면 영원히 헤어나올 수 없을 겁니다.

하지만 이런 생각들이 마구 날뛸 때라도 할 수 있는 일이 있습니다. 먼저 조심스럽게 한 발짝 멀어집니다. 그러고는 말하는 겁니다.

'그래, 알았어. 나중에 이야기하자고.'

어색한 은자의 행복

태국에서 보낸 일곱 번째 해이자 마지막 해에는 밀림에서 혼자 은자隱者로 지냈습니다. 부모님은 여느 때처럼 2월에 저를 만나러 오셨지요. 우리는 짠타부리주 Chanthaburi의 국립공원을 여행했습니다. 그곳까지 간 김에 산을 타고 20분 정도 올라가서 제가 앞으로 1년간 머물 암자도 함께 둘러봤습니다. 밀림 한가운데 세워진 대나무 암자는 금방이라도 허물어질 것처럼 보였습니다. 오랜 장마에 대나무가 썩어 물이 줄줄 샜지요. 2평이 채 안 되는 넓이에 천장은 똑바로 서 있기 힘들 만큼 낮았습니다. 아버지는 기가 찬 표정이었지만, 남달리 현명한 분이라 한마디도 하지 않았습니다.

그날 오후, 우리는 부모님이 머무는 호텔로 돌아왔습니다. 저는 두 해 만에 뜨거운 물로 샤워하는 즐거움을 만끽했습니다. 이제 제 새로운 집에서 밤을 보내기 위해 출발할 시간이었습니다. 제가 호텔을 떠나기 직전에 태풍이 태국 상공을 덮치면서 호텔의 전기가 나갔습니다. 산기슭에 도착했을 땐 앞이 잘 안 보일 정도로 어두웠습니다. 비가 억수로 쏟아졌고, 웬일인지 손전등마저 켜지지 않았습니다. 거센 바람에 나뭇가지가 찢겨서 떨어지는 소리가 들렸습니다. 저만큼 놀라고 겁먹은 뱀들이 바닥에 뒤엉켜 있겠다는 생각이 퍼뜩 스쳤습니다. 그래서 목청을 가다듬은 다음 뱀에게 경고라도 하듯 큰 소리로 불경을 외면서 어둑한 밀림의 길을 한 걸음씩 조심스레 디뎠습니다.

낮에 20분 걸렸던 거리를 거의 한 시간 동안 걸어서 간신히 암자에 도착했습니다. 흠뻑 젖은 몸에는 긁힌 상처투성이였지요. 그래도 흥분과 안도감이 동시에 밀려왔습니다. 촛불을 켜서 불상 옆에 놓고 절을 올렸습니다.

밀림에서 은자로 지낸 지 6개월, 국립공원 아랫마을

에 사는 신도 한 명이 세상을 떠났습니다. 마을로 탁발을 나갔다가 한 달에 한두 번 함께 공양도 하고 어눌한 태국어로 불교에 관한 이야기도 나눴던 사람이었습니다. 그는 유언장에 제가 은둔하며 지내는 암자를 개량하도록 상당한 액수를 시주하겠다는 뜻을 밝혔습니다. 그의 마지막 소원 중 하나가 그곳을 방문한 승려들이 비바람을 잘 막아주는 곳에서 생활하는 것이었습니다. 저는 그의 선물에 무척 감사했고, 제 행복이 그를 훨씬 더 행복하게 해주길 바랐습니다.

제가 새 암자를 직접 설계하도록 허락받았습니다. 그래서 창문에 모기장을 다는 사치를 부렸지요. 그리고 똑바로 설 수 있을 만큼 천장을 높였고, 행선을 할 수 있도록 암자 옆에 열 걸음짜리 산책로를 내어 지붕도 얹었습니다.

숲속 사원의 전통에 따라 승려는 한 달에 두 번씩 삭발합니다. 초승달과 보름달이 뜰 때마다 한 번씩 하는 셈입니다. 보통은 승려들이 서로 깎아주지만, 홀로 은둔한 저는 직접 할 수밖에 없었습니다. 우연히도 그 해에 부모님이 벽걸이용 세면도구 세트를 선물해주었습니다. 그래서 저는 개울가 나뭇가지에 세면도구를 걸어놓고 벨크로

테이프로 작은 거울을 붙인 다음, 그 앞에 쪼그려 앉아 두피에 거품을 내어 면도칼로 머리를 밀곤 했습니다.

한번은 평소보다 오랫동안 거울에 비친 제 모습을 들여다보았습니다. 늘 그렇듯이 보름 만에 보는 얼굴이었습니다. 저는 못마땅한 눈으로 제 얼굴을 유심히 살폈습니다. 콧잔등과 뺨의 모공이 너무 넓은 게 예전부터 마음에 안 들었습니다. 또 사춘기 시절 저를 괴롭혔던 여드름 자국도 거슬렸지요. 태국 사람들처럼 피부가 매끄러웠으면 좋았을 텐데요. 코는 또 왜 이리 우스꽝스럽게 끝이 오른쪽으로 휘었을까요?

짐작하겠지만 이 시기에는 시간이 남아돌았습니다. 그래서 제 생각을 음미할 시간도 길었지요. 손바닥만 한 거울에 비친 얼굴을 비판적으로 쳐다보고 있자니, 제 안에서 어떤 목소리가 들렸습니다. "거참 이상하군. 내 얼굴이 원래보다 훨씬 더 아름답게 느껴지는걸." 진짜로 그랬습니다. 이것이 이른바 내면의 아름다움이었을까요? 지난 7년 동안 저는 간소하고 단순하게 살았고, 개미 한 마리도 해치지 않으려고 조심했습니다. 제 양심을 짓누를 말이나 행동을 삼갔습니다. 명상 수행에 집중한 덕분에 전보다 주변을 잘 알아차리고 현재에 집중할 수 있게 되었지요. 그리고 인간의 고유하고 아름다운 특징, 즉 너그러움과 공감, 인내와 연민 등을 끌어내려고 노력해왔습니다. 그런 시간이 이제 제 얼굴에서 보이기 시작한 것일지도 모르겠습니다.

제 암자가 들어선 산자락엔 작은 마을이 있었습니다. 워낙 작아서 길도 하나뿐입니다. 탁발을 나갈 때마다 제게 음식을 나눠준 사람들은 당연히 저와 친구가 되었습니다. 처음엔 호기심 어린 질문이 쏟아졌지요. 그들은 제가 어떤 음식을 좋아하는지 알아내려고 애썼지만, 저는 기호를 드러내지 않음으로써 진정한 숲속 승려가 되려고 애썼습니다. 그래서 매번 그들의 독특하고 사랑스러운 어조를 흉내 내면서 "알라이 고다이Alai godai", 즉 "뭐든 괜찮습니다"라고 대답했지요.

공양을 마친 뒤, 저는 암자 옆에 있는 계곡에서 바리때를 씻었습니다. 남은 음식을 물고기에게 준 다음 잠시 수영을 하기도 했지요. 그런 다음 계곡을 따라 흐르는 물줄기에 등을 안마하면서 작은 물고기들이 발과 다리의 각질을 뜯어 먹게 했습니다.

그때가 제 인생에서 가장 행복한 시절이었다고 생각합니다. 왜 그런지는 지금도 딱히 모르겠습니다. 어쩌면 아잔 자야사로 스님이 그해에 제게 보내준 엽서의 글귀가 맞을지도 모르겠습니다. "내 보기엔, 뭐가 있을 때보다 없을 때 더 정제된 형태의 행복을 맛보는 게 아닐까 싶네."

며칠이 몇 주가 되고, 몇 주가 몇 달이 되더니 1년이 훌쩍 지나갔습니다. 그 사이, 제 안에서 어떤 결정이 서서히 무르익어 갔습니다. 유럽으로 돌아갈 때가 온 것입니다. 7년 만에 처음으로 말이지요. 영국 남부의 어느 사원에서 숲속 사원의 전통을 따른다는 이야기를 들었습니다. 그곳에도 아주 현명한 스승이 있다고 하더군요. 게다가 저는 예전부터 영국적인 것을 좋아했기에 영국으로 가는 것이 지극히 자연스러운 선택처럼 느껴졌어요. 가족과 가까이 있게 된다는 점도 나쁘지 않을 터였습니다.

은자 생활이 끝나갈 무렵 저는 유럽으로 돌아가기 전에 마지막 만행萬行을 떠나기로 했습니다. 태국 생활의 끝에 의미를 남기고 싶었습니다. 그래서 암자에서 제가 소속된 숲속 사원까지 약 500킬로미터를 걸어갔습니다. 그간의 모든 일에 대한 감사의 표시이자 제 스승에게 드리는 선물이었습니다.

만행에 난관이 없지는 않았습니다. 얼마 안 되는 소지품이나마 등에 지고 얇은 샌들만 신고서 500킬로미터를 걸어야 했지요. 숲속 승려이니 돈 한 푼 없었습니다. 그저 도중에 선량한 사람들을 만나리라고 믿고 길을 나섰습니다.

잘 모르는 사람들은 제가 줄곧 푸르른 숲과 멋진 밀림을 걸었으리라 상상하겠지만, 당시 태국에서조차 숲은 대부분 잘려 나간 뒤였습니다. 나무를 베고 난 땅에는 주로 단일 작물을 심었으므로 방향을 읽기가 어려웠지요. 그래서 저는 거의 내내 차도를 따라 걸어갔습니다. 걷다 보면 매일 십여 대의 차가 저를 보고 멈춰 섰습니다. 뒤따르는 대화는 주로 이런 식이었습니다.

"세상에! 아직도 옛날처럼 사는 분이 있군요! 뭐 좀 도와드릴까요? 잠깐이라도 우리 차로 가실래요?"

"고맙지만 사양하겠습니다. 내내 걸어가기로 다짐했거든요."

"그럼 돈이라도 조금 드릴까요?"

"괜찮습니다. 숲속 승려는 돈을 사용하지 않거든요."

"알겠습니다. 그래도 우리가 뭔가 드릴 게 있지 않을까요? 음식이라도 드릴까요?"

"그것도 됐습니다. 아시다시피 우리는 숲속 사원의 전통에 따라 하루에 한 끼만을 먹는데, 아침에 이미 먹었거든요."

"그래도 스님에게 뭐라도 드리고 싶은데…."

"정 그러시다면… 펩시면 될 것 같군요."

그렇게 만행 내내 여덟에서 열 잔 정도의 펩시 콜라가 제 혈관을 타고 돌았습니다. 저는 이게 정녕 부처님이 언급했던 성스러운 삶의 방식인지 궁금해하면서 계속 걸었습니다. 며칠 뒤, 비가 세차게 내리기 시작했습니다. 저는 도롯가에 있는 작은 식료품점에 몸을 피했습니다. 흙바닥에 탄산음료 상자가 있기에 그 위에 걸터앉았지요. 식료품점 안팎에 있던 사람들이 저를 보더니 무척 흥분했습니다. 그 지역에선 서양인 승려를 볼 일이 거의 없던 것입니다. 온갖 질문이 쏟아져 나왔습니다.

"승려가 된 지 얼마나 되었나요?"

"올해로 7년 됐습니다."

"그렇군요. 그럼 공부한 지는 얼마나 되었나요?"

"글쎄요, 다 합쳐서 16년 정도 된 것 같군요."

"형제자매는 몇 명인가요?"

"남자 형제만 세 명 있습니다."

보아하니 그들의 질문엔 어떤 양식이 있었습니다. 죄다 숫자로 답해야 했던 것입니다. 게다가 그들은 제가 답한 숫자를 종이에 기록했습니다. 뭔가 이상했지요. 그런 문답을 한참 하고 나서야 다음 날 복권 추첨이 있다는 사실을 깨달았습니다! 태국인들 사이에 숲속 승려에게는 영험한 능력이 있다는 믿음이 널리 퍼져 있었거든요.

30분쯤 뒤 비가 그쳐서 다시 길을 떠날 수 있었습니다. 한참 걸어가다가 흰옷을 입은 멋진 노인을 만났습니다. 저는 태국인들이 승려를 섬기듯 예우하며 인사하는 것에 도무지 적응할 수가 없었습니다. 그렇게 예우하는 사람이 나이 지긋한 노인일 때는 더욱 어색함을 느꼈습니다. 그날도 다르지 않았지요. 노인은 제게 다가와서 고개를 숙이며 말했습니다. "아, 이렇게 훌륭하신 숲속 승려를 뵙게 되어 참으로 영광입니다. 존경하는 숲속 승려께서 최근에 흥미로운 꿈을 꾼 적 있습니까? 그 꿈에 혹시 무슨 숫자가 나오지 않았나요?"

존경과 사욕을 동시에 드러내는 참으로 멋진 인사였습니다.

만행이 끝나갈 무렵엔 오토바이를 타고 가는 멋진 청년을 만났습니다. 그는 저를 보자 얼른 멈추고 대화를 시도 했습니다.

"와! 서양인 숲속 승려로군요! 한 번도 만난 적이 없었는데 여기서 보네요. 어디까지 가세요? 제가 태워드릴게요."

"고맙지만 사양하겠습니다. 이번 만행이 나한테는 일종의 영적 수행이라 차를 타지 않고 사원까지 내내 걸어가기로 다짐했답니다."

"그렇군요. 하지만 제가 최근에 멍청한 짓을 좀 했거든요. 선업善業을 쌓아야 해서 그러는데, 그냥 다음 마을까지라도 태워드리면 안 될까요?"

"미안하지만 됐습니다. 제 다짐을 깰 수 없거든요."

그 말에 젊은이가 저를 쳐다보며 따졌습니다.

"너무 이기적인 거 아닙니까?"

제가 가만히 웃자 젊은이가 더 단호하게 나왔습니다.

"어서요. 한 100미터만이라도요. 그 정도 얻어 탄다고 뭐가 나빠지겠어요? 그냥 100미터만 태워드리게 해주세요!"

"미안하지만 안 됩니다. 어쨌거나 저와 한 약속을 어기는 거라…."

젊은이는 잠시 생각하다 다시 입을 열었습니다.

"그럼 액셀이라도 잠깐 밟아줄 순 있죠?"

"그야 물론이죠!"

저는 그의 오토바이로 걸어가 액셀을 잡고 일이 분 동안 엔진의 회전속도를 올렸습니다.

"고맙습니다! 안녕히 가세요!"

태국의 길거리에서 만난 불교였습니다.

닫힌 주먹, 열린 손바닥

태국에서 7년을 보내면서 남자들하고만 어울려 사는데 약간 신물이 났습니다. 그곳의 사원들에는 비구니가 거의 없었거든요. 안타깝게도 전 세계 대다수 종교에 해당하는 특성이 불교에도 그대로 적용되었습니다. 여성은 남성과 똑같은 기회를 누리지 못합니다. 그나마 불교는 다른 종교에 비해 살짝 나을 순 있지만, 여전히 좋다고 할 만한 수준과는 거리가 멉니다. 냉소적인 시각에서 보자면 세계의 주요 종교는 어떤 면에서 여성을 억압하려는 목적이 있는 것 같습니다. 대단히 비극적이라 아니할 수 없지요.

제가 속한 숲속 사원의 전통이 전 세계로 퍼져 나가면서 비구니회order for Buddhist nuns가 설립되었습니다. 그 본부는 새로운 사원이 설립되기도 했던 영국에 있었습니다. 그것만으로 완벽할 수는 없었지만 그래도 의미가 있었지요. 영국의 숲속 사원에서 수행하는 비구니와 비구가 태국에 방문할 때마다 저는 그들을 만나보았고 참 좋은 이들이라 느꼈습니다. 함께 어울려 지내는 방식이 더 유익하고 여러 측면에서 더 자연스럽게 보였습니다. 남자와 여자는 원래 동등한 조건에서 공존할 수 있을 때 균형감이 생깁니다. 그러고 보니 제가 영국으로 옮기겠다고 결정한 데는 비구니와 가까이 지내고 싶은, 수행자답지 않은 이유도 살짝 있었던 것 같기도 합니다.

영국 사원에서 만난 비구니 중 몇 명과는 여전히 막역한 친구로 지냅니다. 그중에서 뉴질랜드 출신의 아잔 타니야Ajahn Thaniya 스님은 작은 체구에도 인상이 아주 강렬했지요. 스님은 제가 태어나서 만나본 통찰력이 특히 뛰어난 세 사람 중 하나입니다. 스님은 제가 어떻게 지내는지 굳이 물어보지 않았습니다. 저를 보기만 해도 어떤 상태인지 대번에 파악하셨거든요.

영국의 이 특별한 사원에 끌렸던 또 다른 이유는 이곳의 주지인 아잔 수시토 스님 때문이었습니다. 스님은 부처님의 첫 설법을 분석하고 직접 삽화까지 그려 책을 출간했는데, 저는 그 안에 담긴 탁월한 해석과 지혜에 감명받았습니다. 우리는 태국에서 서로 알게 되었습니다. 스님은 겨울이면 자주 태국을 방문하곤 했거든요. 오늘날까지 스님은 저에게 가장 가깝고도 소중한 친구로 남아 있습니다.

아잔 수시토 스님은 훌륭한 스승이나 멘토라면 갖춰야 할 타이밍 감각이 특출했습니다. 항상 적시적지에 적절한 가르침을 주셨지요. 스님의 가르침에는 늘 사랑이 듬뿍 담겨 있었습니다. 그래서 설사 듣기 아픈 말이라고 해도 마음 깊이 새길 수 있었습니다.

영국 사원에 오니 아침과 점심 두 끼를 먹을 수 있었습니다. 저는 그 사실이 무척 기쁘고 고마웠지요. 이곳으로 옮긴 지 얼마 되지 않았을 무렵의 어느 날 아침이었습니다. 수행하는 승려들에 손님까지 모두 합쳐 50명이 넘는 인원이 모여 있었지요. 다 같이 아침 공양을 한 뒤 그날 누가 무슨 일을 할지를 두고 열띤 토론을 벌였습니다. 처리할 일이 많았기에 말도 많았습니다. 누가 요리할 것인가, 누가 빨래할 것인가, 누가 잔디를 깎을 것인가, 누가 화단을 가꿀 것인가, 누가 아픈 승려를 병원에 데려다줄 것인가, 누가 또 다른 승려를 치과에 데려다줄 것인가, 누가 트랙터를 고치고 나무를 가져오고 장작을 패고 보일러 물을 채울 것인가?

저는 이렇게 혼란스러운 상황이 성가셨습니다. 영국 사원이 전반적으로 거칠고 엉성하다고 생각했지요. 저는 태국의 원조 사원에서는 7년이나 수행하지 않았습니까. 진짜 숲속 사원에서 일을 어떻게 처리하는지 다 알고 있다는, 기묘하게 우쭐한 마음이 들었습니다. 영국에선 일의 체계가 잡히지 않은 것 같았습니다. 진지한 숲속 승려로서 그 점이 확실히 신경에 거슬렸습니다. 다들 자리에서 일어나는데도 저는 그대로 앉아 그들의 행동이 얼마나 숲속 승려답지 않은지, 그들이 일하는 방법이 얼마나 비효율적이고 부적절한지, 또 어떻게 하는 것이 좀 더 점잖고 신중한 방법인지 혼자서 곱씹었습니다. 사람들이 우르르 나가자 결국 아잔 수시토 스님과 저만 남았습니다. 그 순간 제 모습은 아마 언짢음과 짜증으로 가득했을 겁니다. 그때 아잔 수시토 스님이 저를 온화하게 쳐다보면서 말했습니다. "나티코, 나티코. 혼돈은 자네를 뒤흔

들지 모르지만 질서는 자네를 죽일 수 있다네."

그렇습니다. 저는 또다시 주먹을 너무 세게 쥐었던 것입니다. 세상이 마땅히 어떤 모습이어야 하는지 다 안다고 상상한 것이지요. 그런데 세상의 모습이 제 생각과 맞지 않자 울컥한 것입니다. '세상이 이렇게 했어야 한다'는 생각은 늘 저를 작고 어리석고 외롭게 만듭니다.

그런 기분을 잘 안다면, 다음과 같은 손동작을 연습해보길 바랍니다. 먼저 주먹을 세게 쥐었다가 힘을 빼고 활짝 폅니다. 이 동작을 사전 암시처럼 자주 해보길 바랍니다. 저는 강연이나 명상 도중에 이 동작을 자주 합니다. 제가 전달하려는 핵심을 직관적으로 담고 있기 때문입니다. 간단한 동작이지만 우리가 유난히 집착하는 것을 내려놓으려면 어떻게 해야 할지 보여줍니다. 물건이나 감정, 신념 등 대상은 상관없습니다. 여러분도 주먹을 세게 쥐었다가 다시 손바닥을 활짝 펴보길 바랍니다.

저는 여러분이 손을 조금 덜 세게 쥐고 더 활짝 편 상태로 살 수 있길 바랍니다. 조금 덜 통제하고 더 신뢰하길 바랍니다. 뭐든 다 알아야 한다는 압박을 조금 덜 느끼고, 삶을 있는 그대로 더 받아들이길 바랍니다. 그래야 우리 모두에게 훨씬 더 좋은 세상이 되니까요. 우리가 원하는 방식대로 돌아가지 않는 일을 끊임없이 걱정하면서 살지 않아도 괜찮습니다. 우리 자신을 원래보다 더 작고 초라하게 만들 필요 또한 없지요. 우리가 선택할 수 있습니다. 목을 옥죄며 살 것입니까, 아니면 넓은 마음으로 인생을 포용하며 살 것입니까?

자, 쥐고 있던 주먹을 펼쳐보길 바랍니다.

할 짓이 없어 빌어먹나

문화 깊숙이 불교가 자리한 태국에서 승려로 사는 것과 불교문화가 제대로 형성되지 않은 영국에서 승려로 사는 것은 전혀 다른 경험입니다. 태국에서 탁발을 나가면 승려들은 항상 지역 주민들에게 따뜻한, 거의 숭배에 가까운 환대를 받았습니다. 승려는 사회적으로도 존경받는 위치에 있었지요. 하지만 영국에선 전혀 다른 상황이 펼쳐졌습니다.

저는 나라도Narado라는 젊은 영국인 승려와 함께 처음으로 탁발을 나갔습니다. 바리때를 목에 걸고서 미드허

스트Midhurst의 소규모 중심가를 돌아다녔지요. 웨스트서
식스주West Sussex에 있는 사원에서 가장 가까운 작은 동네
였습니다. 저는 영국 사람들이 우리에게 음식을 실제로
줄지 확신이 서지 않아서 살짝 긴장했습니다. 그때 흰색
소형 승합차가 옆으로 지나가나 싶었는데, 운전자가 창
문을 내리더니 소리쳤습니다. "뭐 할 짓이 없어서 빌어먹
나?"

　승려를 바라보는 시각이 얼마나 다른지 확실히 보여
주는 사건이었습니다. 지난 7년간, 태국 사람들은 저를
마치 신들이 보낸 선물인 양 대했습니다. 승려. 숲속 승
려. 서양인 숲속 승려! 그야말로 특별한 취급을 받았지
요. 반면에 영국 사람들에게는 기생충과 흡사한 존재로
여겨졌습니다. 옷차림도 이상하고 머리 모양도 희한하며
성적 지향성이 혼란스러운 수상쩍은 존재였습니다.

　태국에서 수행할 때 저는 현지인의 승려를 섬기는 듯
한 태도에 좀처럼 적응하지 못했습니다. 다행이었지요.
서양 사람들은 간혹 승려에게 대놓고 욕설을 퍼부었지만
제게 날아온 욕설은 저를 뚫고 그냥 지나갔습니다. 마치
만화의 등장인물이 되어 총알이 제 몸을 관통해서 반대
쪽으로 나가는 모습을 바라보는 기분이었습니다. 이 역

시 부처님의 선물이었지요. 저는 이렇게 칭찬과 비판을 현명하게 다루는 법을 배워 나갔습니다.

남자가 흰색 소형 승합차를 몰고 가면서 내뱉은 말은 제게 놀라운 해방감을 선사했습니다. 그런 모욕적인 말을 들었을 때 제가 어떻게 반응하는지, 어떻게 달라졌는지 알게 되었습니다. 남들의 시선에 유난히 민감했던 제가 이젠 날카로운 모욕 앞에서도 차분히 제 안의 목소리에 먼저 귀를 기울일 수 있었습니다. 그리고 목소리는 대답했습니다. '별일 아니야'라고요. 얼마나 다행스럽습니까! 그 순간, 제가 남들이 감탄할 만한 성과를 이루거나 모두에게 좋은 인상을 주고 싶어 안달하는 삶에서 마침내 벗어났다는 것을 깨달았습니다.

인간의 정신적, 초월적 성장은 심리적인 대응 전략을 익힌다고 얻을 수 있는 게 아닙니다. 진정 성장하려면 마음의 짐을 내려놓아야 합니다. 번뇌에서 멀어지고, 설사 번뇌에 빠지더라도 금세 벗어나는 법을 익혀야 합니다. 물론 살아가며 고민과 갈등이 아예 없을 수는 없습니다. 번뇌를 완전히 내려놓는 것은 적절한 목표가 아닙니다. 번뇌에서 완전히 해방되는 것은 죽은 사람뿐입니다.

성장하려고 노력하는 과정에서 고민이 서서히 줄어든

다면 올바른 길로 나아가고 있는 것입니다. 어쩌면 건전한 거리를 두고서 자기 자신을, 자신의 성격과 결점에 대해 품었을지도 모르는 온갖 의견을 객관적으로 바라볼 수 있을지도 모릅니다.

제 결점 너머에 존재하는 저를 바라본 순간, 저는 짜릿한 기분을 느꼈습니다. 제 타고난 성격은 일관성 없고 과민하며 지나치게 충동적이고 불안정합니다. 그런데도 내면의 소리에 귀를 기울이고 평정심을 유지하려고 노력하자 주변의 빛이 어슴푸레하게 보이기 시작한 것입니다. 저를 언제까지나 비춰줄 것 같은 빛, 제 행복을 빌어줄 빛이 이제 보이기 시작했습니다.

기적이 일어날 여지

숲속 사원에서는 전통적으로 승려들이 10년을 수행하면 '아잔'이라는 직함을 받습니다. 태국어로 스승이라는 뜻인데, 이때가 되면 실제로 가르치는 일을 맡게 됩니다. 저도 영국에서 처음으로 주말에 도업道業을 이끌어보라는 권유를 받았습니다. 주말이 되기 전날 밤, 뱃속이 요란하게 뒤틀렸습니다. 뱀 두 마리가 혈투라도 벌이는 모양이었습니다. 불안하고 초조해서 한숨도 못 잤지요. 도업을 시작하기 전에 저는 선당에 들어가 촛불과 향을 켰습니다. 그리고 부처님께 절을 올리며 나직이 말했습니다.

"좋아요, 부처님, 전 지금 몹시 지쳤습니다. 하지만 주말 내내 정신을 온전히 집중할 것입니다. 제가 하는 말은 저한테서 나오는 게 아니라 저를 통해서 나오는 것일 테니까요. 그렇죠?" 저는 부처님의 침묵을 동의로 받아들였습니다. 그리고 도업을 무사히 이끌었지요.

그즈음 저는 실제로 몹시 힘들고 지쳐 있었습니다. 신경도 갈수록 날카로워졌어요. 꽉 쥔 주먹을 활짝 펴고자 열심히 그리고 자주 수행해야 했습니다. 제게 떨어진 행정 업무가 늘어날수록 스트레스도 덩달아 늘어났습니다. 승려가 스트레스에 시달릴 줄 누가 알았겠습니까! 알다시피 스트레스에 시달리면 통제하려는 욕구를 내려놓기가 더 어렵습니다. 자신이 어떤 사람이든 간에 말입니다.

물론 아잔 타니야 스님은 그런 낌새를 놓치지 않았지요. 6월 어느 날 저녁, 단체 좌선에 참여하고자 함께 선당으로 가는 길이었습니다. 봄 공기가 맑았어요. 사원 정원의 백합 연못에서 잠자리 떼가 햇빛을 받아 반짝이는 날개를 퍼덕거렸습니다. 아잔 타니야 스님이 특유의 꿰뚫는 눈빛으로 저를 쳐다보았습니다. 그럴 때마다 스님의 입에서 짧고 아리송하면서도 귀중한 말이 나온다는 걸 알기에, 저는 그 눈빛이 달가웠습니다. 그래서 무슨 이야기를 하려나 귀를 쫑긋 세웠습니다. 스님은 온화한 눈빛으로 나를 보며 말했습니다. "나티코, 기적이 일어날 여지를 꼭 남겨두세요."

그 순간 제가 꼭 들어야 하는 말이었습니다. 제가 잊고 있었던 진실이 거기에 있었습니다. 스님의 말이 옳았습니다. 실제로 저는 모든 걸 통제하려 들고 있었습니다. 그럴수록 삶은 외롭고 고달프며 불안하고 초조해지는 법인데 말이지요. 삶을 좀 더 믿고 맡겨야 했습니다. 삶에서 가장 좋았던 일들은 거의 대부분이 제 계획이나 노력으로 이루어진 것이 아니었습니다. 모든 것을 지시하고 예측하려 들수록 즐거움은 사라지고 더 괴로워집니다. 긴장할수록 지성의 일부가 사그라질 뿐이지요.

저는 오랜 시간 아디야산티Adyashanti라는 미국인 스승님을 모시고 가르침을 받고 있습니다. 환속하고 나서 몇 달이 지나 스승님께서 주최하는 수련회에 처음으로 참가했는데 참으로 심오한 경험이었습니다. 스승님 앞에선 거룩한 기운마저 느낄 수 있었지요. 일주일간 진행된 수련회에서 저는 스승님의 이야기를 한마디도 놓치지 않았습니다. 특히 어느 날 밤에 들려준 이야기는 가슴 깊이 새겼습니다.

지금도 그 순간이 아주 선명하게 기억납니다.

아디야산티는 이렇게 말했습니다.

"잘 들어보세요. 떠오르는 모든 생각을 무작정 믿지 않아야 합니다. 주의가 흐트러지지 않아야 합니다. 현재 상황을 온전히 알아차려야 합니다. 그래야만 온 우주가 다음과 같은 원칙에 따라 운행된다는 근본적 진실을 알게 될 것입니다. 그 진실이 뭐냐고요?"

당신이 알아야 할 때
알아야 할 것을
알게 될 것입니다.

그 말이 옳다는 것을 확실하게 증명할 수는 없겠지만, 옳다는 데 저는 일말의 의심도 품지 않습니다. 누군가는 쓸데없는 소리처럼 들린다고 할지도 모르겠지만, 저는 이 말이 있는 그대로의 진실이라 생각합니다. 이 가르침을 들은 이래 저는 그대로 살고자 애써 왔고, 시간이 갈수록 그 깊이를 느낍니다.

그렇게 살고자 노력할 때 제 삶은 항상 더 나아졌고, 때로는 훨씬 더 나아졌습니다. 아무렇게나 살라는 뜻이 아닙니다. 적절한 계획을 반드시 세워야 할 때조차 아무 계획도 세우지 말라는 뜻은 더더욱 아니지요. 우리가 어쩔 수 없는 것까지 불안해하는 대신, 결국 모든 것이 순리대로 이루어질 것을 믿으며 사는 데 익숙해진다면 더 높은 차원의 자유와 지혜에 도달할 수 있다는 뜻입니다. 미래를 통제하고 예견하려는 헛된 시도를 내려놓을 수 있다면, 그럴 용기가 있다면 기적 같은 일이 일어납니다.

약간 단순화해서 말하자면 거의 모든 인간을 지배하는 생각에는 두 가지 종류가 있습니다. 과거를 중심으로 돌아가는 생각과 미래를 중심으로 돌아가는 생각이지요. 이 두 가지는 대단히 매혹적이며, 결국 같은 이름으로 불립니다. 바로 '내 인생'이라는 이름이지요.

이는 살아가는 내내 크고 무겁고 중요한 짐 두 개를 이고 다니는 것과 같습니다. 하나에는 과거에 관한 생각이 들어 있고, 다른 하나에는 미래에 관한 생각이 들어 있습니다. 둘 다 멋지고 소중한 것들이 가득 든 짐입니다. 하지만 때로는 잠시 그 짐을 내려놓는다면 어떨까요? 인생에서 좀 더 가까이 당면한 순간, 바로 여기 지금 이 순간을 반갑게 맞아보는 겁니다. 짐은 어디 가지 않습니다. 언제든 원할 때 다시 집어 들면 됩니다.

자기 인생에 대해 생각하는 것에 무슨 잘못이 있겠습니까. 다만 이따금 그 생각에서 벗어나는 데는 중요한 가치가 있습니다. 짐을 내려놓으세요. 그리고 편히 쉬세요. 푹 쉬고 나면 짐을 더 쉽게 들 수 있어요.

생각과 통제력을 내려놓기, 내면을 돌아보고 경청하기, 현재에 집중하기, 정기적으로 편안하게 쉬기, 신뢰하며 살기. 이 모든 것들은 서로 연결되어 있습니다. 모두 생각에 휘둘리는 대신 우리의 현실에 더 깊이 뿌리내린 소중한 것들을 탐지하는 일이지요. 생각이 거품처럼 이는 곳에서 등을 돌리는 일이라고 볼 수도 있겠습니다. 그 순간 이상하게도 우리의 생각은 더 가치를 띠게 되지요. 우리 안의 현명한 직관이 더 활발하게 움직이기 시작합니다. 가혹하게 들릴지 모르지만 이 과정을 통해서 생각의 질이 개선됩니다.

이번엔 미래라는 흥미로운 단어를 조금 더 살펴보도록 할까요. 그리고 미래에 일어나리라고 우리가 생각하는 일에 대해서도 살펴보도록 합시다. 미래에 관한 생각에 조심스럽게 접근하면 많은 것을 얻을 수 있습니다. 우리 머리가 미래에 대해서 들려주는 내용은 실제의 미래가 아닙니다. 기억과 경험에 기반을 둔 단편적인 그림이요, 스케치일 뿐이지요. 우리는 살아오면서 실제로 벌어진 일의 극히 일부분만 기억합니다. 게다가 그 기억은 격한 감정에 따라 형성되고 결정됩니다.

우리의 마음은 감정적으로 두드러졌던 일, 특히 어렵고 고통스러웠던 일을 기억하도록 프로그램이 짜여 있습니다. 지극히 자연스러운 일입니다. 그 덕분에 우리 선조는 사바나 초원에서 살아남고 번성할 수 있었습니다. 하지만 우리가 과거라고 부르는 것은 실제로 벌어졌던 일이 아닙니다. 흔히 감정적으로 격앙된 상황에서 선별한 단편적 조각에 불과합니다. 그런데도 그 조각들은 우리가 투영하는 미래를 위한 기초를 제공하고, 우리가 상상하는 미래를 위한 토대가 됩니다. 그것은 미래가 아닙니다. 우리의 가정이고 추측일 뿐이지요. 확실히 무슨 일이 벌어질지는 아무도 모릅니다. 그 누구도요.

한 가지는 확실하다

영국 사원에서 지낸 지 몇 년 만에 저는 도반인 나라도와 함께 와이트섬에서 도보 여행을 하기로 마음먹었습니다. 초여름이었지요. 만행 첫날, 우리는 멋진 풍광을 자랑하는 섬의 북쪽 해안을 따라 30여 킬로미터 남짓 걸었습니다. 커다란 참나무 아래에서 야영하고 다음 날 아침 늦게 첫 탁발을 나섰지요. 우리는 샌다운Sandown이라는 해변 마을의 공동묘지 담벼락에 배낭을 내려놓고 바리때를 목에 걸었습니다. 그리고 시내의 한 슈퍼마켓 근처에 자리를 잡았습니다.

한 시간 정도 그곳에 서 있었습니다. 수많은 사람이 우리 앞으로 지나갔지만 누구 하나 말을 걸지 않았습니다. 어린 여자아이가 혹시 우리의 바리때에 뱀이 담겨 있지 않으냐고 제 엄마에게 물었을 뿐입니다. 근처 미장원으로 자리를 옮겼지만 결과는 마찬가지였습니다. 사람들은 우리에게 거의 눈길도 주지 않았습니다. 눈에 확 띄는 황토색 승복 차림이었는데도 사람들 눈에는 우리가 보이지 않는 것 같았습니다. 얼마 뒤 경찰차 한 대가 우리 쪽으로 다가왔습니다. 경찰관이 차에서 내리더니 우리에게 말했습니다. "이봐요. 젊은이들, 와이트섬에서 구걸은 불법이오. 게다가 미장원 측에서 항의가 들어왔소. 당신들 머리를 보고 손님들이 놀라 도망간다고."

저는 우리가 구걸하는 게 아니라고, 아무에게도 뭘 달라고 요구하지 않았다고 설명했습니다. 그저 음식을 시주할 기회를 제공했을 뿐이며, 그것은 구걸과 다르다고 말했습니다. "좋아. 뭐가 됐든 다른 데 가서 하쇼." 경찰은 단호했습니다.

우리는 슈퍼마켓 옆으로 돌아왔습니다. 저는 다리가 후들거렸습니다. 장거리 도보 여행과 24시간 금식 탓에 몹시 피곤하고 배도 고팠습니다. 숲속 사원의 계율에 따르면 우리는 정오까지만 먹을 수 있었습니다. 그런데 서머타임제도가 시행되는 서방 세계에선 시한이 오후 1시로 정해져 있습니다. 그때는 12시 30분이었습니다. 저는 도반에게 다음 날 오전에 다시 하자고 말했습니다. "하루 정도 더 금식하면 되잖아. 내일 다시 시도해보자." 이렇게 말하자 제 안에서 일종의 해방감이 느껴졌습니다. 배고픔으로 불끈 쥐어진 주먹이 활짝 펴지면서 마음이 한결 편해졌지요. 하지만 제 도반은 아직 포기할 준비가 안 된 것 같았습니다. "잠시만 더 기다려보자고." 그 말에 저는 고개를 끄덕였습니다.

1분도 지나지 않아, 친절한 얼굴의 노부인이 우리 쪽으로 걸어왔습니다. "지금 여기서 뭐 하는 건가요?" 저는 우리가 불교 승려이며 공양을 기다린다고 대답했습니다. "아하, 그러니까 당신들은 지금 음식을 원한다는 거군요, 그렇죠? 와이트섬은 그리스도를 섬기는 곳이에요. 우리 섬에선 아무도 굶주리지 않아요. 그나저나 두 사람은 무엇을 좋아하죠?" 저는 먹을 수 있는 건 뭐든 고맙게 받아들이며, 애초에 우리의 기호를 내려놓는 것도 수행의 일부라고 설명했습니다. "아뇨, 그럼 안 되죠. 내가 힘들게 번 돈을 쓰는 건데, 기왕이면 두 사람이 좋아하는 걸 사주고 싶어요."도반은 영국 북쪽 지역에서 생산하는 특정 파이를 좋아했습니다. 그래서 제가 그 파이를 말하자, 노부인은 고개를 끄덕이며 가게로 들어갔습니다.

얼마 지나지 않아서 한 커플이 우리에게 다가왔습니다. 그들은 캐나다에서 왔는데, 자신들이 묵고 있는 호텔의 사환이 비수기 동안 우리 사원 근처에서 지내고 있어서 우리가 어떤 사람이고 지금 무엇을 하고 있는지 설명해줬다고 말했습니다. 그들은 우리에게 잠시만 기다려달라고 말한 뒤 역시나 슈퍼마켓 안으로 사라졌습니다. 5분 뒤 우리는 음식이 가득 담긴 봉지를 네 개나 들고 그곳에 서 있게 되었지요. 우리는 그들에게 고맙다고 인사하고 염불을 왼 뒤 서둘러 공동묘지로 돌아왔습니다. 그러고 잔디밭에 앉아 조용히 공양했지요. 공양을 마친 뒤에도 잠시 그대로 앉아서 휴식을 취했습니다. 문득 예전에 태국의 스승님들이 했던 말이 떠올랐습니다. "여러분이 원하는 것을 항상 가질 수는 없지만 여러분이 필요한 것은 항상 가질 수 있습니다."정말로 그랬습니다. 참으로 이상하게도 제가 욕구를 채우려는 집착을 버릴 때마다 그 욕구가 더 쉽게 충족되었습니다.

영국 사원의 비구니 중에 아잔 아난다보디Ajahn Ananda-bodhi라는 스님이 있습니다. 영국 북부 지방 출신인데, 사원에 처음 들어올 때부터 상당히 시선을 끌었다고 합니다. 머리를 무지개색으로 염색해서 모히칸머리로 삐죽삐죽 세우고 나타났던 것입니다. 아잔 아난다보디 스님과 저는 비슷한 시기에 이 사원에 합류했습니다. 시간이 지나면서 우리는 사원 내부에 산적한 현실적인 업무들을 맡게 되었습니다.

앞서 언급했듯이 이러한 업무 때문에 저는 한동안 무척 바빴고 스트레스도 많이 받았습니다. 사원에서 육체노동이 필요한 울력을 계획해 배당하고, 지객을 하고, 이메일에 대응하고 전화를 받는 등 전반적으로 처리할 행정 업무가 대단히 많았습니다. 간단히 말해서 저는 사원의 최고경영자와 비슷한 역할을 맡았던 겁니다. 제가 그토록 떠나고 싶어 했던 대기업의 관리직 시절로 돌아간 느낌이었습니다. 아잔 아난다보디 스님은 제가 얼마나 과로하는지 한눈에 알아보았습니다. 어느 날 저녁 차 마시는 시간에 우리는 공양간 앞 복도에서 마주쳤습니다. 스님은 저를 멈춰 세우더니 한 가지를 되새겨주었습니다. "나티코, 책무란 결국 현재에 대응하는 것이라는 점을 잊지 마세요."

어떻게 하면 삶이 펼쳐지는 데 잘 대응할 수 있을까요? 간단합니다. 미래의 계획과 통제와 조직에 덜 신경 쓰고 현재에 더 충실하면 됩니다. 완전한 몰입에 빠졌을 때의 기분을 아실 겁니다. 기민하게 주의를 집중하게 되지요. 알아차림이라고 부를 수도 있을 겁니다. 순간에 몰입할 줄 아는 사람은 닥치지도 않은 온갖 일에 대응할 방법을 궁리하면서, 혹시나 잘못될지도 모를 상황을 미리 숙고하지 않습니다. 원하는 대로 상황이 흘러갈지를 끊임없이 걱정하지도 않지요. 오히려 열린 마음으로 현재에 충실히 대응합니다. 더 현명한 방법이지요.

통제 욕구를 내려놓고 당면한 상황을 의식하려면 불확실성에 직면할 용기를 내야 합니다. 하지만 대부분의 사람에게는 상당히 벅찬 일입니다. 인간은 본래 무엇이든 알고 싶어 합니다. 지극히 자연스러운 충동이지요. 앞날을 알 수 없다고 느낄 때 우리는 불안을 느끼면서 행동 또한 경직됩니다. 그래서 실제로는 엄청난 불확실성 속에 살아가면서도 상황을 예측할 수 있는 척합니다. 일이 어떻게 흘러가야 하는지에 대한 계획과 예상에 집착하고 필사적으로 그렇게 되기를 고대하지요. 물론 계획을 세우는 것 자체는 아무 문제도 없습니다. 오히려 어느 정도 삶을 미리 계획하는 편이 좋다고 생각합니다. 하지만 계획을 세우는 것과 그 계획이 반드시 결실을 보아야 한다고 생각하는 것 사이에는 차이가 있습니다.

미국의 아이젠하워 대통령이 예전에 이런 말을 했습니다. "계획을 세우는 게 중요하지, 계획 자체는 전혀 중요하지 않다."

우리가 모두 진한 잉크 대신 흐릿한 연필로 일정표와 계획표를 쓴다고 상상해봅시다. 앞으로 벌어질 거라고 우리가 기록하거나 생각한 일이 실제론 벌어지지 않을 수도 있습니다. 그 점을 늘 염두에 두며 살아간다면 어떨까요? 그 사실을 받아들이며 살아간다면 어떤 삶이 시작될까요?

영적 성장의 결정적인 도약은 불확실성에 직면할 용기를 내는 데서 이뤄집니다. 우리의 무지를 편견으로 가리지 않을 때, 우리 마음대로 앞일을 통제할 수 없다는 점을 참아낼 수 있게 될 때 우리는 가장 현명해집니다. 삶을 뜻대로 휘두르려고 노력하는 건 끊임없이 흐르는 물살을 맨손으로 붙잡으려는 것과 같습니다. 끊임없는 변화는 자연의 속성입니다.

사원 생활은 삶을 통제하려는 인간의 타고난 의지를 좌절시키도록 설계되었습니다. 그래서 우리는 돈을 만지지도 못했고, 언제 무엇을 먹을지 또 누구와 살고 어느 오두막에서 잘지 선택하지도 못했습니다. 승려가 되면 과거에는 당연한 권리였던 선택들을 모두 내려놓고 주어진 상황에 적응하는 법을 배워야 합니다. 그러한 수행은 우리에게 놀라운 선물을 안겨줍니다. 삶이 불확실해질 때도 흔들리지 않게 해주고 앞날을 모를 때도 내면의 평화를 지킬 수 있게 해줍니다.

이 모든 것은 결국 헛된 노력을 덜 기울이며 살아가기 위한 것입니다. 자신이 알고 있다는 믿음과 미래에 덜 집착하고, 삶이 실제로 벌어지는 유일한 장소인 지금 여기에 더 마음을 여는 과정입니다.

실은 누구나 인간의 삶에 확실한 것이 하나도 없다는 점을 잘 알 것입니다. 이승에서 우리에게 분명한 것은 단 한 가지, 바로 삶이 언젠가는 끝난다는 점입니다. 나머지는 희망, 두려움, 가정, 소망, 예상, 의도 등입니다. 그 사실을 인정하고 받아들일 때 저도 모르게 꾹 쥐었던 주먹이 스르르 풀리고, 펼친 손은 삶으로 가득 찰 것입니다.

마음은 불확실성에 직면할 용기를 낼 때 성장합니다.

우리의 무지를 편견으로 가리지 않을 때,

우리 마음대로 앞일을 통제할 수 없다는 것을

참아낼 수 있게 될 때 우리는 가장 현명해집니다.

토마스 샌체스 「삼각의 구름」

무언가가 깨어나다

영국의 숲속 사원에서 7년을 보낸 뒤, 저는 숲속 사원의 전통을 따르는 또 다른 곳으로 옮겼습니다. 스위스의 칸더슈테크Kandersteg였습니다. 평소에 무척 좋아하는 알프스산맥 근처의 마을이었지요. 전과 달리 몸과 마음에 힘이 넘치지 않았지만 괜찮았습니다. 이곳에선 더이상 '사원의 최고경영자' 역할을 맡지 않아도 됐거든요. 스위스 사람들은 실로 조직 운영 능력이 탁월했습니다. 감히 전 세계 최고라고 부를 만했지요. 덕분에 저는 지객을 하고 도움이 필요한 사람을 거들면서도 보도 여행과 등산을 자유롭게 할 수 있었습니다. 아울러 명상을 가르치는데 점점 더 많은 시간을 할애하면서 천천히 저만의 지도법을 찾아 나갔습니다.

이곳의 주지인 아잔 케마시리Ajahn Kemasiri 스님은 축구를 무척 좋아했습니다. 제게는 친구이자 아버지 같은 존재이셨지요. 스님은 열두 살 때 가족과 함께 야심한 밤을 틈타 동독을 탈출했습니다. 젊었을 땐 제과점을 운영하기도 했지만, 저와 만났을 즈음엔 이미 오랫동안 헌신적인 승려로 살고 계셨지요. 제 고향 친구 칼 헨리크가 스위스 사원에 방문했을 때 아잔 케마시리 스님을 보더니 독일 영화 〈특전 유보트〉에 나오는 잠수함의 함장 같다고 말했습니다. 그러고 보니 시종일관 강인한 모습이 꼭 닮아 있었습니다.

그즈음 저는 여섯 나라를 돌며 명상 수련회를 이끌었습니다. 아잔 케마시리 스님은 제 명상 수련회가 얼마나 불교적인지 궁금했을 것입니다. 그런데 수련회 참가자들에게서 제가 〈트루먼 쇼〉와 〈매트릭스〉 같은 영화나 『곰돌이 푸』와 『무민 가족』 같은 동화를 자주 언급한다는 이야기를 듣게 된 겁니다. 다행히 케마시리 스님은 부처님이 독단과 근본주의에 전혀 관심이 없다는 사실을 저만큼이나 잘 알았습니다. 우리 둘 다 불교를 세상에서 가장 멋진 도구함으로 간주했던 것이지요.

스위스 사원의 생활은 이전에 지냈던 다른 사원들, 특히 태국 사원들보다는 덜 엄격했습니다. 확실히 여기에서 승려들은 더 자유로웠습니다. 게다가 워낙 현대적이라 심지어 인터넷도 쓸 수 있었지요. 태국의 숲속 사원에서 수행할 때는 『켈빈과 홉스』가 최고의 오락 거리였는데 말입니다. 구글 사용법도 배웠습니다. 처음으로 구글을 쓰게 된 사람이 가장 먼저 검색해보는 것이 무엇일까요? 그렇습니다. 제 이름이었죠. 2006년 당시 제 이름을 검색하면 뜨는 첫 화면에는 90년대 초에 참석했던 말레이시아 회의의 PDF 자료가 있었습니다. 국제연합의 세계식량계획에서 일하던 시절이었지요. 그 서류에 명기된 제 직함을 본 순간, 언젠가 다시 이력서를 써보고 싶다는 생각이 들었습니다. '소규모 해초 재배의 경제적 분석에 관한 국제 전문가.' 이런 직함을 쓸 수 있는 사람이 몇이나 되겠습니까?

물건을 가질 수 있게 되자 부모님이 컴퓨터를 보내주었습니다. 다른 누군가는 제가 녹음 강연을 들을 수 있도록 엠피스리 플레이어를 선물해주었지요. 고향 동네의 친구인 칼 헨리크는 그 사실을 알고 신나서, 바로 여러 가수의 노래를 묶은 모음집을 보내줬습니다. 이름하여 '승려가 들을 만한 최고의 노래 100곡'이었습니다. 잊으려야 잊을 수 없는 선물이었지요.

스위스에서 매주 하루는 등산할 수 있었습니다. 산을 무척이나 좋아하는 저는 늘 사원의 도반들보다 두 배나 멀리 걸었고 두 배나 높이 올랐습니다.

어느 날 저는 부츠를 신고서 수려한 장관을 자랑하는 봉우리를 향해 걸음을 옮겼습니다. 꼭대기에선 스위스의 수도 베른을 한눈에 내려다볼 수 있었지요. 산에는 아직 눈이 쌓여 있었지만 봄이라 날이 많이 풀렸습니다. 눈앞에 웅장한 풍경이 펼쳐진 가운데, 저는 자리에 앉아 챙겨온 소박한 음식을 먹었습니다. 그야말로 천상의 맛이었지요.

햇볕이 뜨거웠습니다. 겉옷을 벗고, 잠시 뒤에 하나 더 벗었습니다. 원래 일광욕을 좋아했던지라 결국 옷을 다 벗어 던졌습니다. 그런 다음 엠피스리 플레이어의 헤드폰을 쓰고서 '승려가 들을 만한 최고의 노래 100곡'을 골라서 틀었습니다. 얼마 지나지 않아서 샤키라Shakira의 〈힙스 돈 라이Hips Don't Lie〉가 들려오기 시작했습니다. 저는 가만히 앉아 있을 수 없었습니다. 베른 알프스에서 가장 뻣뻣한 엉덩이가 천천히 흔들리기 시작했습니다.

잃을 것은 너무나 많지만

그날도 아름다운 칸더슈테크 사원의 조그만 방에서 차를 마시며 책을 읽었습니다. 그런 다음 명상을 하려고 향과 촛불을 켰습니다. 20년 동안 매일 명상을 하다 보니, 이젠 더는 졸지 않았습니다. 실은 거의 즐기는 경지에 이르렀지요.

금박을 입힌 목조 불상 앞에 가만히 앉아 호흡에 집중했습니다. 한 번에 한 호흡씩. 점차 사방이 고요해졌습니다. 이 고요는 활기로 가득했습니다. 이제 고요는 익숙할 뿐 아니라 제 집처럼 편히 쉴 수 있는 곳이라 느껴졌습니다. 고요 속에 있을 때 제 몸과 마음은 여유로우면서도 활기가 넘쳤습니다. 참으로 놀라운 느낌이었기에, 그 상태로 계속 머물고 싶었습니다. 10분에서 12분 정도 흘렀을까요. 깊이 있고 현명하고 통찰력 있는 내면의 목소리가 다시 제게 말을 걸었습니다. 제 안에서 뭔가가 속삭였습니다. '앞으로 나아갈 때가 됐어.'

'설마! 말도 안 돼! 내 삶은 지금 이대로 너무 좋다고!'

무척 놀랐습니다. 아니, 두려웠습니다. '난 승복 차림으로 죽음을 맞이할 승려인걸. 난 한 번도 의심한 적 없는 승려란 말이야.' 그런데 마흔여섯 살에 갑자기 제 안에서 집에 가야 할 때가 됐다는 소리가 들렸습니다. 20년 전 에스파냐에서 5월 어느 일요일, 소파에 앉아서 들었던 음성만큼 또렷했습니다. 도저히 무시할 수 없었습니다. 하지만 잃을 게 너무 많았습니다. 제 인생 전체와 정체성이 사원 생활과 얽혀 있었습니다.

6개월 정도 시간을 두고 고민했습니다. 결국 결정을 내리고 어머니에게 전화했더니, 어머니는 신중하게 대답했습니다. "확실히 넌 은퇴하기엔 너무 이른 나이지." 어머니가 스위스 사원에 방문했을 때, 그곳이 은퇴한 노인들의 쉼터 같다고 느꼈던 모양입니다. 어쨌든 어머니의 말은 일리가 있었습니다. 당시 승려로서 제 삶은 지극히 안온했습니다. 오랫동안 그렇게 지내다 보니 그리고 제 역할에 너무 익숙해지다 보니, 당시의 제 일상은 마치 자동조종장치를 켠 비행기와 같았습니다.

승려를 그만두기로 한 결정과는 무관했지만 당시 저는 몸이 아팠습니다. 특발성혈소판감소자반증ITP, Idiopathic Thrombocytopenic Purpura이라 불리는 특이한 자가 면역 질환에 걸린 것입니다. 남아프리카공화국에서 진행했던 두 차례의 명상 수련회 사이 며칠이 비었고, 저는 그 틈을 타 콰줄루나탈주KwaZulu-Natal의 어느 산에 등산을 갔습니다. 그때 뭔가에 다리를 물렸는데 몇 시간 뒤에 크게 아프기 시작했습니다. 심각하게 생각하지 않았지만 그 뒤로 제 몸은 혈액을 응고시킬 수 없게 되었습니다.

2주 뒤, 영국 응급실에 갔더니 의사가 "당신의 몸은 시한폭탄과 같습니다"라고 말했습니다. ITP는 혈소판이 조기에 파괴되어 심각한 출혈로 이어지는 치명적인 증상이 있어서 중병으로 간주되었습니다. 스위스로 돌아온 뒤 여러 차례 집중 치료를 받았지만 전혀 차도가 없었습니다. 의사는 제 비장脾臟을 제거하자고 권했지만 거부했습니다. 그 대신 한동안 스테로이드를 집중적으로 투여했는데, 그 약이 잠을 설치게 했습니다. 그 이후 저는 전처럼 깊이 잠들 수 없게 되었습니다.

사원을 떠나기로 진작 결정하긴 했지만 그 과정은 여전히 어려웠습니다. 저보다 먼저 사원을 떠났던 분들과 많은 이야기를 나눴지요. 이즈음엔 현직보다 전직 승려를 더 많이 알았습니다. 승려로서의 삶에 평생 머무르지 않고, 마음이 떠날 때 몸도 떠나는 것은 흔한 일이었습니다. 승려로 살았던 오랜 세월 동안 제 도반이었던 이 중 대다수가 저보다 먼저 승복을 벗었습니다. 그런데 그들은 한결같이 똑같은 말을 했습니다. "그토록 오랫동안 머물렀던 곳인데 인제 와서 손을 떼는 것이 얼마나 혼란스럽고 고통스러울지 당신은 모를 겁니다. 지금 당신은 그 무엇도 아닌 승려지요. 당신의 정체성이 그곳에 기반을 두고 있는 겁니다. 그런데 밖에 나오면 당신은 누구일까요? 당신이 상상하는 것보다 훨씬 더 힘들 겁니다."

저 또한 그 사실을 추호도 의심하지 않았습니다. 그런데도 과감하게 뛰어들었습니다. 그만한 용기가 제게 있음을 알았기 때문입니다. 그동안 불확실성에 직면하면서 다져진 자신감이 저를 충분히 지탱해주리라고 믿었습니다. 이젠 저를 믿고 날개를 활짝 펴서 더 가혹한 현실로 뛰어오를 때가 된 것입니다.

그 과정에서 제게 와닿았던 문장이 하나 있는데 지금도 명상을 이끌 때 자주 써먹곤 합니다.

'우리는 고요함 속에서 배운다.
그래야 폭풍우가 닥쳤을 때도 기억한다.'

사람들이 명상 수련회에 참석하거나 명상에 시간을 들이는 이유이지요. 고요함 속에서 배우고 수행하려는 것입니다. 선당에서 인생을 살아갈 순 없습니다. 하지만 아직은 미숙하고 연약한 아이가 성장하려면 주변의 격려와 친절이 필요하듯, 수행하지 않은 마음도 마찬가지입니다. 차분하고 평온한 장소에서 내 안의 고요를 만나다 보면 그보다 혼란스러운 일상에서도 좀 더 안정된 마음으로 살아갈 수 있습니다. 그렇지 않다면 그게 다 무슨 소용이 있겠습니까?

인생에서는 언제고 폭풍우를 맞이하게 됩니다. 몇 번이고 되풀이해서 말입니다. 때로는 등대나 신호등 불빛도 없는 거친 바다에서 홀로 표류하는 배처럼 외로울 것입니다. 지난주까지 마쳤어야 할 일을 두고 상사가 고함을 치거나 아끼는 사람과 다툴 때처럼, 견딜 만한 풍파라고 해도 괴로울 것입니다. 뭐가 됐든 내면에서 들려오는 가장 큰 비명에 마음을 다 빼앗기게 되겠지요. 하지만 좀 더 평온한 시기에 생각을 내려놓는 법을 배웠고 관심의 방향을 선택할 능력을 키웠기에 제게는 아주 믿을 만한 동지가 있는 셈입니다. 어떤 상황에서도 제 곁을 지켜주고 늘 제 편을 들어줄 든든한 동반자 말이지요.

전직 승려의 수치

2008년 11월, 저는 스웨덴으로 돌아왔습니다. 하지만 가족과 친구들이 보여준 사랑과 배려에도 불구하고 저는 금세 우울증에 빠졌습니다. 전직 승려들이 우리 공동체를 떠나면서 느꼈던 고통과 애통함에 대해 누누이 경고했었고, 저는 그들의 경고를 귀담아 들었습니다. 그런데도 막상 고통이 닥치자 전혀 준비가 안 된 것만 같았습니다. 믿을 수 없을 정도로 강한 파도였습니다. 게다가 고질적인 병도 한몫 거들었습니다.

친한 친구인 피프의 어머니가 너그럽게도 푼돈만 받

고 작은 별장을 내줬습니다. 그래서 저는 스웨덴 남부의 크네레드Knäred 외곽에 있는 작은 시골집에 틀어박혀 지냈습니다. 춥고 암울한 겨울 동안 혼자 우울감에 젖은 채 아픈 몸으로 불면의 밤을 보냈지요. 직장도 없고 돈도 없었습니다. 첫 번째 연금보험 납부 고지서가 우편으로 도착했을 때도 침울하기 이를 데 없었습니다. 재정 지원을 신청하려고 가장 가까운 마을인 라홀름Laholm에 갔을 때도 마찬가지였고요. 그들은 제게 구직자 등록부터 하라고 했습니다. 직업 상담실에서 내민 온갖 서류에 정보를 다 기입한 뒤 담당 사회복지사를 만났습니다. 그는 제 이력서를 살펴더니 이렇게 말했습니다. "흠, 아주 훌륭하네요. 1989년까지는…. 그게 20년 전이라는 게 문제로군요."

"그러게요."

재정 지원 신청은 거절당했습니다. 고맙게도 부모님이 저를 도와주셨습니다. 지난 17년 동안 돈을 만져보지도 않고 살았는데, 속세로 돌아오니 온 세상이 돈을 중심으로 돌아갔습니다. 나도 모르게 이렇게 생각했어요. '다들 어떻게 버티는 걸까? 기본적인 의식주를 해결하고 버스를 타고 심지어 이따금 휴가까지 떠날 돈을 어떻게 다 마련하는 걸까?' 물가가 너무 비싸서 어질어질했습니다.

얼마 지나지 않아 임상적 우울증에 걸렸습니다. 저는 거의 매일 밤 땀에 흠뻑 젖은 채로 깨어났습니다. 불안감이, 그것도 극심한 불안감이 가슴을 휘젓고 짓눌렀습니다. 요즘 사람들은 특히 불안에 대해 많이 이야기하지요. 하지만 제가 말하는 건 일상적으로 느낄 수 있는 평범한 불안감이 아닙니다. 살면서 몇 번 겪기 어려운, 두려움과 걱정으로 거의 실신할 것 같은 극도의 불안감이지요. 그런 불안이 닥치고 나면 마음에 인생의 즐거움을 몽땅 걸러버리는 여과기를 씌운 듯한 상태가 됩니다. 모든 생각에 장막이 드리웁니다. 마음속에서 끊임없이 그리고 가차 없이 이런 속삭임이 들립니다. '이런 상황이 영원히 지속될 거야. 절대 좋아지지 않을 거야.'

극심한 불안감을 느껴본 사람들은 잘 알겠지요. 몹시 불안한 순간에 떠오르는 생각을 다 믿으면 위험한 상황으로 치달을 수 있습니다. 얼마나 위험해질지 또 얼마나 빨리 한계에 이를지는 알 수 없습니다. 상황이 절대 좋아지지 않을 거라는 유독한 속삭임이 끊임없이 들려 몹시 불안해집니다. 이는 사람이 경험할 수 있는 아주 극심한 공포 가운데 하나입니다. 열 명쯤 되는 다정한 친구들이

번갈아 가며 이런 시간도 다 지나갈 거라고 알려줄지도 모릅니다. 결국은 상황이 바뀌었던 다른 일들을 떠올리게 하면서 이 일도 언젠가는 그렇게 될 거라고 토닥여줄지도 모릅니다. 그러면 그런 이야기를 듣고 고개를 끄덕이며 수긍합니다. 하지만 그때뿐입니다. 마음속에서 들려오는 암울한 목소리는 지치지도 않고 계속 속살거립니다.

실은, 그 시절 저는 괴로운 나머지 난생처음으로 이대로 생을 끝내야 하나 고민하기도 했습니다. 실행에 옮기진 않았습니다. 그러나 제 마음속에 분명히 있었던 생각입니다. 더는 아무것도 느낄 수 없었습니다. 그 중압감을 어떻게 또 얼마나 더 버텨낼 수 있을지 도무지 자신이 없었습니다. 혹시라도 사랑하는 사람이 극도로 우울해하거나 자기 자신이 그 혹독한 시간을 겪고 있다면 이 점을 명심하기 바랍니다. 여러분은 혼자가 아닙니다. 우리 중 많은 사람이 그런 시기를 겪었지요. 심지어 마음을 수행한 승려도요. 그리고 기어이 이겨냈습니다.

너무 힘든 시기엔 뒤로 물러나기 쉽습니다. 제가 그랬던 것처럼 혼자 고립되기도 합니다. 하지만 그건 별로 도움이 되지 않습니다. 아니, 전혀 도움이 안 됩니다. 우리는 사람들과 어울려 살아야 하는 존재입니다. 힘들 때는 더욱더 그러합니다. 될 수 있으면 자신을 있는 그대로 받아줄 사람들과 함께 어울려야 합니다. 안전하고 편안한 관계에서 힘을 얻어야 합니다.

몇 달이 흘렀습니다. 다시 겨울이 찾아왔습니다. 거의 모든 친구가 전화조차 걸지 않았습니다. 제가 받지 않았거나 설사 받더라도 만나자는 그들의 제안을 퉁명스럽게 거절했거든요. 암울한 기분을 그들에게 전염시킬 것 같아서 차마 만날 수 없었습니다. 한계에서도 점점 끝에 이르고 있었습니다. 밤마다 땀에 젖은 침대 시트를 갈았습니다. 등을 대고 누웠지만 잠을 청할 엄두가 나지 않았습니다. 억지로 눈을 감을 때마다 어두운 생각이 되살아났기 때문입니다.

다시는 여자 친구를 사귀지 못할 거야. 가족을 이루지도 못할 테고. 직장을 구하지 못할 텐데 집이나 차를 살 여유가 생기겠어? 아무도 나와 함께 있고 싶어 하지 않겠지. 영적 성장을 위해 17년 동안 공을 들였는데, 겨우 이 모양 이 꼴이로군.

사실 몹시 부끄러웠습니다. 저를 인간으로서 더 깊이

205

이해하고 계발하려고 인생의 절반을 바쳤습니다. 그렇다면 시간을 초월한 지혜의 빛을 가슴에 품고서 돌아왔어야 했습니다. 그런데 실상은 스웨덴에서 가장 불행하고 실패한 사람으로 전락한 것 같았습니다. 머릿속에선 온통 암울한 미래를 예견하는 목소리만 메아리쳤습니다. '모든 게 갈수록 더 나빠질 거야.' 저는 그런 목소리를 거부하거나 맞서 싸울 수 없었습니다. 불을 내뿜는 용을 상대로 신문지로 만든 투구를 쓰고 나무 막대기를 들이대는 꼴일 테니까요.

그 불안감은 제가 아는 한 가장 가혹하면서도 가장 훌륭한 영적 스승이었습니다.

떠오르는 모든 생각을 믿지 않아야 한다는 의지가 그때보다 더 굳건했던 적이 없었습니다. 칠흑 같은 어둠 속에서 떠오르는 온갖 생각이 무서우리만치 강한 설득력을 지니고 있었지만, 그간에 제가 배우고 익혔던 모든 것이 가늘디가는 구명줄을 내려주었기 때문입니다. 안팎의 온갖 어둠 속에서도 저는 명상을 통해 쉴 곳을, 호흡할 공간을 찾을 수 있었습니다. 오랫동안 내려놓는 연습을 했기에, 저는 가장 낙심한 순간에 그 능력을 소환할 수 있었습니다. 항상 그런 건 아니지만 그래도 꽤 자주 제 관심을 끔찍한 생각에서 호흡으로 돌릴 수 있었습니다. 물론 그런 생각은 참으로 끈질겨서 단 한 번의 호흡 만에 돌아오곤 했습니다. 하지만 저 역시 끈질기게 노력한 덕분에 얼마 지나자 연속해서 두 번까지 호흡할 만큼 버틸 수 있었습니다. 숨통이 트이자 어둠이 걷히기 시작했습니다.

18개월 만에 드디어 다시 빛을 볼 수 있었습니다.

'우리는 고요함 속에서 배운다.
그래야 폭풍우가 닥쳤을 때도 기억한다.'

선당 속에서 인생을 살아갈 순 없습니다.
하지만 평온한 장소에서 마음의 고요를 되찾다 보면
혼란스러운 일상에서도 좀 더 다부지게
발을 내딛을 수 있습니다.

토마스 산체스, 「마음의 동굴에서」

반지 안의 비밀

모두 다 거부하고 오두막에 틀어박혀 지내고 싶었습니다. 당시 제가 생각하는 이상적인 하루는 혼자서 〈위기의 주부들〉의 남은 시즌을 몰아볼 수 있도록 아무도 전화를 걸거나 이메일을 보내지 않는 날이었지요. 하지만 고맙게도 세상은 혼자 지내고 싶다는 제 뜻을 존중해주지 않았습니다. 마침 저 또한 뭐든 거부하며 숨어 있다 보면 끝이 좋지 않으리라는 사실을 절감했습니다.

1년 하고도 6개월이 더 지난 뒤, 아버지가 먼저 현명한 결단을 내렸습니다. "비욘, 언제까지 그렇게 틀어박혀 지낼 테냐? 지금까지는 생활비를 보태줬다만 더는 곤란하구나." 그 결정이 마음에 들지 않았지만 옳은 처사임을 알았습니다. 그래서 천천히 굴 밖으로 머리를 내밀기 시작했습니다. 스위스의 사원에 방문했을 때, 아잔 케마시리 스님은 제게 다정하지만 단호한 목소리로 말했습니다. "나티코, 이젠 자네가 가진 걸 다시 나눠줄 때가 됐네." 그 말도 옳다는 걸 알고 있었습니다.

그래서 명상을 가르치기 시작했습니다. 크고 작은 명상 수련회를 이끌었지요. 강사 일은 놀라울 정도로 잘됐습니다. 당시 스웨덴에서는 명상 강사가 대부분 외국인이라 영어로 가르쳤습니다. 스웨덴어로 수련을 진행할 수 있는 강사에 대한 수요가 많아 여기저기서 저를 찾았지요. 사람들에게 도움을 줄 수 있게 되자 영혼이 치유되는 것 같았고, 다시 조금씩 나아갈 힘을 얻을 수 있었습니다. 저에게도 사회에 이바지할 것이 있었습니다.

명상을 가르치며 제 마음은 드디어 머물 곳을 찾게 되었습니다. 제게 소중한 것을 사람들에게 나눠주는 일이 깊은 의미로 다가왔습니다. 지난 18개월 동안 전혀 느끼지 못했던 감정이었습니다. 만나는 사람들마다 저를 환대한다는 점도 기쁨을 주었습니다. 다시 한번 사람들이 들려주는 이야기에 온전한 관심을 두고 귀 기울이며, 때로는 용기를 주고 지지할 수 있게 된 것입니다. 이처럼 사람들과 만나기를 얼마나 갈망했는지요.

얼마 뒤 저는 용기를 내어 다음 단계로 나아갔습니다. 명상 수련회나 명상 수업 등을 찾지 않은 사람들에게도 다가간 것입니다. 아르키펠라옌Arkipelagen이라는 이름의 오피스텔을 운영하는 다니엘이라는 친구가 하루는 자신의 임차인들에게 강연을 해달라고 부탁했습니다. 그 일을 시작으로 여러 민간기업과 정부 기관에 훨씬 더 자주 강연을 나가게 되었습니다. 그때마다 진심으로 반기고 집중하는 청중들의 반응에 놀라울 따름이었습니다. 제가 다른 이들에게 위로와 평화를 줄 수 있을 줄 누가 알았을까요? 여전히 제 안엔 고립과 우울이 남긴 상처가 있었습니다. 혼란도, 불안도 가시지 않았습니다. 그렇게 망가진 채로도 제가 할 수 있는 일이 있던 것입니다.

제 자신감과 자존감은 아직 전과 같지 않았습니다. 그래도 어쨌든 노동시장에 저를 위한 자리가 있겠다는 느낌이 조금씩 들기 시작했습니다. 사람들은 제 말을 다 듣고 나서도 더 듣고 싶다는 듯 귀를 기울이고 있었지요. 꽤 많은 이가 오늘 소중한 것을 배웠다고 말해주기도 했습니다.

친절하고 너그러운 세상에서 다시 환영받게 되자 모든 게 달라졌습니다. 누군가에게는 너무 종교적인 소리로 들릴 수도 있겠지만 저는 이런 것 또한 윤회의 일부라고 생각합니다. 지난 17년간 내면의 가장 아름다운 목소리에 귀를 기울였고, 이것이 그 효과였습니다. 세상의 응원을 받는 것 같았습니다.

이런 와중에 스웨덴 공영방송 SVT에서 연락이 왔습니다. "전에 스티나 다브로브스키와 태국 사원에서 당신과 인터뷰한 적 있죠? 스티나의 남편이 〈안네 룬드베리Anne Lundberg와 함께하는 여름밤〉의 제작자거든요. 그래서 하는 말인데, 이 쇼프로그램에 출연해서 스웨덴으로 돌아온 뒤의 삶이 어떤지 좀 들려주세요!" 저는 속으로 이렇게 울부짖었습니다. '안 돼, 안 돼, 절대로 안 돼! 저 사람들은 거기 앉아서 시대를 초월한 지혜를 발산하는 사람을 기대하는데, 난 여전히 너무 불행하고 혼란스럽단 말이야.' 하지만 제 입에서는 저도 모르게 말이 흘러나왔습니다. "물론이지요. 저도 거기에 출연하고 싶어요." 어쩌다 이렇게 된 걸까요?

그리하여 2010년 6월, 저는 스튜디오에 앉아 있었습니다. 인터뷰가 끝나갈 무렵 안네는 제게 특별히 고대하는 일이 있는지 물었지요. 저는 사랑에 빠지길 고대한다고 대답했습니다. 프로그램이 다 끝난 뒤, 제작자인 셸다브로브스키Kjell Dabrowski가 저를 안아주더니 말했습니다. "내가 본 가장 멋진 애인 구함 광고였습니다!"

두어 주 뒤 프로그램이 방송되기도 전에 엘리사베트가 페이스북을 통해 제게 연락했습니다. 엘리사베트는 친구의 친구인데, 한 20년 전에 디너파티에서 딱 한 번 만난 적이 있었지요. 온라인으로 연락이 되고 나서 당시 제가 머물던 팔스테르보Falsterbo로 엘리사베트를 초대했습니다. 엘리사베트는 당시로부터 얼마 전에 한 워크숍에 참석하며, 정신적 멘토 덕분에 인생이 크게 달라졌다는 연사의 말을 들었다고 했습니다. 그래서 제가 어떻게 살았는지를 들은 다음 혹시라도 제가 자신의 멘토가 될 순 없을까 하고 생각한 것입니다. 물론 제 계획은 전혀 달랐습니다.

엘리사베트는 팔스테르보후스성Falsterbohus 옆의 주차장에 렌터카를 세웠습니다. 우리 둘 다 약간 어색했지만 애써 아닌 척했지요. 저는 며칠 전 해변에서 하루를 보냈던 탓에 새빨갛게 그을린 상태였는데, 그 이야기를 하면서 한참 웃었지요. 우리는 자전거를 타고 스카뇌르_{Skanör}까지 갔습니다. 엘리사베트는 말을 많이 하는 바람에 벌레가 연신 입으로 들어갔고, 우리는 그 일로도 한바탕 웃었습니다. 모든 게 이상할 정도로 자연스럽게 느껴졌습니다. '그래, 드디어 찾았어. 이 사람을 평생 내 곁에 두고 싶어. 비가 오나 눈이 오나….' 저는 냉장고에서 차가운 스파클링 로제 포도주를 한 병 꺼내왔습니다. 불 위에서는 제 특제 생선 스튜가 부글부글 끓고 있었지요. 우리는 정원에서 식사했습니다. 제비들이 머리 위로 높이 날아갔고, 제 마음도 덩달아 하늘 높이 날아올랐습니다.

엘리사베트는 제 인생에서 가장 소중한 사람이 되었습니다. 보약 같은 사람이지요. 우리의 육체적 친밀감과 애정도 보약이고, 우리가 함께 보내는 일상도 보약이며, 이미 어른이 된 엘리사베트의 아이들과 보내는 시간도 보약입니다. 엘리사베트가 만드는 음식과 삶을 향한 뜨거운 열정, 익살스러움과 웃음, 숨결마다 느껴지는 지혜, 이 모든 게 제게는 보약이요, 치료제였습니다. 여느 연인들처럼 우리도 때로는 힘든 시기를 겪었습니다. 무심코 서로의 상처를 물어뜯기도 합니다. 하지만 모든 상처는 어차피 다정한 알아차림의 빛 가운데로 이끌어야 합니다. 결국 그 순간조차 모든 일이 제자리를 찾는 과정일 뿐입니다. 다행히 우리 둘 다 누가 옳고 그른지 논쟁해봤자 아무 소용도 없다는 걸 오래전에 깨달았지요. 그래서 우리는 좀체 상대를 비난하거나 책임을 전가하지 않습니다. 한번은 제가 자다가 잠꼬대를 했었나 봅니다. 엘리사베트는 제 옆에 누워 그 말을 다 들었습니다. 저는 꿈속에서 엘리사베트를 선물이라고 불렀다고 합니다. 실제로도 엘리사베트는 제게 선물이었습니다.

결혼을 약속했을 때, 저는 엘리사베트에게 제 결혼반지에 특이한 문구를 새겨달라고 부탁했습니다. 그 문구가 제게 어떤 의미인지 알기에 엘리사베트는 흔쾌히 응했습니다. 보석상은 우리의 주문을 듣더니 웃으면서 이제껏 반지에 새겨달라던 가장 멋대가리 없는 문구라고 말했지요.

그 문구는 제가 25년 전에 처음 들었던 옛날이야기에 등장하는 말입니다. 태국에서 별이 총총한 어느 날 밤, 아잔 자야사로 스님이 13세기 중동을 배경으로 한 이야기를 들려주었습니다. 페르시아의 한 임금이 전설에 남을 만큼 지혜롭게 왕국을 통치했다고 합니다. 백성 중에

216

서 한 남자가 임금의 현명한 통치 이면에 어떤 비밀이 숨어 있는지 알고 싶어 했습니다. 남자는 몇 주 동안 헤매다 마침내 왕궁에 이르렀습니다. 그리고 임금을 알현할 기회를 얻었습니다. 남자는 임금 앞에 엎드려 물었지요. "존경하는 임금님, 우리나라를 이토록 정의롭고 복되고 훌륭한 방식으로 다스리는 비결이 무엇입니까?" 임금은 황금 반지를 꺼내 방문객에게 내밀며 말했습니다. "이 반지 안쪽에 그 비밀이 숨어 있노라." 남자는 반지를 받아서 불빛에 대고 소리 내어 읽었습니다.

'이 또한 지나가리라.'

영원한 것은 없습니다. 모든 게 일시적이지요. 참 나쁜 소식입니다. 하지만 좋은 소식이기도 합니다.

모든 것은 너에게서 시작한다

사랑은 터놓고 이야기하기가 무척 어려운 주제입니다. 타인을 향한 사랑이든, 자신을 향한 사랑이든 민감하긴 마찬가지예요. 우리 인간의 가장 취약한 점과 대단히 밀접하게 연관되어 있기 때문입니다. 하긴 그렇기에 대단히 중요한 주제이기도 합니다.

부처님은 네 가지 거룩한 마음가짐四梵住을 꼽았습니다. 이는 불법을 수호하는 신인 범천梵天의 거주처를 뜻하는 브라흐마위하라Brahmavihāra라고도 불리는데, 이 마음가짐을 온전히 갖춘 사람은 비록 속세에 몸담고 있어도 범

천의 세계에 머무는 것과 다를 바 없기 때문입니다. 아울러 그 마음가짐 안에서 우리 안의 아름다움을 발견할 수 있기도 합니다.

거룩한 마음가짐 중 첫 번째는 자애mettā, 慈心입니다.

두 번째는 연민karuṇā, 悲心입니다.

세 번째는 희열muditā, 喜心입니다. 이것은 인간이 타고난 능력으로, 다른 사람의 성공을 자기 일처럼 여기고 함께 기뻐하는 마음을 말합니다. 좋아하는 사람이 성공해서 행복할 때 우리가 느끼는 감정으로, 다른 사람의 기쁨을 자기 기쁨으로 여기는 공감적 기쁨empathetic joy이 아닐까 합니다.

네 번째는 뜻밖에도 평온upekhā, 捨心입니다. 평온은 폭넓은 지혜를 담은 감정입니다. 흔히 알아차림이 부르는 가장 기본적인 감정으로, 부드럽고 총명하며 깨어 있는 상태입니다. 모든 것을 받아들일 수 있고, 그 모든 일이 순리대로 되었다는 것을 이해할 수 있는 마음가짐입니다.

이 거룩한 마음가짐들, 우리 마음속의 아름다운 안식처들을 어떻게 기르고 넓힐 수 있을까요? 부처님은 아주 간결하고 분명하게 그 방법을 말씀하셨습니다.

"항상 너 자신부터 시작해야 하느니라."

우리 자신에게 먼저 연민을 베풀 수 없다면, 다른 사람을 향한 연민은 더더욱 부족하고 취약할 것입니다. 다른 사람을 향한 사랑을 키우려면 우리는 애정의 방향을 내부로 돌릴 수 있어야 합니다. 안타깝게도 많은 사람이 그 점을 간과하여 정작 자기 자신을 돌보지 않고 살아갑니다. 오히려 스스로를 비판하고 가혹하게 대하며, 우리 자신도 연민의 대상임을 깨닫지 못합니다. 기분이 좋지 않을 때는 더욱 그렇습니다.

내 마음의 고통에 좀 더 공감하고 세심하게 살핀다면 삶을 더욱 멋지게 가꿀 수 있지 않겠습니까? 무방비로 고통에 맞서기 전에 우리 자신에게 진심으로 다음과 같은 질문을 던질 수 있다면 유익하지 않을까요? "내가 너무 오랫동안 이런 기분에 시달리지 않도록, 지금 이 순간 나를 도울 방법이 있을까? 내가 좀 더 평온한 마음으로 살게 할 수 있는 일이 있을까?"

머리로 해결하기는 어려운 일입니다. 우리는 "이렇게 기분 나빠하면 안 돼. 이렇게 반응하면 안 돼. 너무 쉽게 의존하고 상처받고 시기하고 분개하면 안 된다고!"라고 외치는 머릿속 생각들에 온통 주의를 빼앗겨 마음속의 조용한 목소리를 너무 쉽게 놓쳐 버립니다. 한 가지 확실한 것은, 그런 식의 질책은 힘든 감정을 겪는 어떤 사람에게도 전혀 도움이 안 된다는 점입니다. 그보다는 고통의 원인을 파악해서 그것을 우리가 끌어낼 수 있는 최대한의 연민과 이해로 바라보려고 노력해야 합니다. 그래야 암울한 생각에 맞설 방법을 찾아낼 수 있고, 그 생각을 믿지 않은 채 빛 한가운데로 끌어낼 수 있습니다.

우리 자신을 좀 더 너그럽고 관대하게 바라볼 수 있다면, 자연스레 주변 사람들도 똑같은 방식으로 대할 수 있습니다. 우리 자신을 계속 가혹한 관점에서 바라보는 우리는 다른 사람들에게도 온전한 사랑을 베풀 수 없습니다.

사랑이라는 단어가 너무 거창하게 들린다면 굳이 쓰지 않아도 됩니다. 수행승 시절, 저한테 훌륭한 본보기가 되어주신 아잔 수메도Ajahn Sumedho 스님은 제 아버지와 같은 해에 태어난 미국인이었지요. 스님은 사랑love 대신에 몰혐오non-aversion라는 단어를 즐겨 썼습니다. 몰혐오는 따뜻함이 솟구치는 말은 아니지만 좀 더 현실적인 목표일 수 있습니다. 그렇다면 어떻게 혐오에서 벗어날 수 있을까요? 어떻게 해야 저 자신과 타인을 싫어하지도, 미워하지도 않을 수 있을까요?

사람들은 흔히 스스로를 너무 부족하다고 여기는 탓에 자신에게 연민을 베풀지 못합니다. 그런 감정적 보살핌을 받을 자격이 없다고 생각하는 것입니다. 하지만 사랑받을 자격이 있다고 느낄 때까지, 마법처럼 그런 마음이 들 때까지 기다린다면 영원히 기다려야 할 수도 있습니다.

어떻게 해야 우리는 자기 자신에게 인간적인 온정과 너그러움을 허락할 수 있을까요? 도대체 얼마나 멋지고 아름다우며 성공해야 그 자격이 생기는 겁니까? 사소한 실수에 대해서 얼마나 오랫동안 속죄해야 할까요? 손대는 모든 것을 얼마나 완벽하게 수행해야 하는 걸까요? 우리가 그런 경지에 도달하기는 할까요?

우리는 늘 할 수 있는 최선을 다하고 있습니다. 그것을 기억해야 합니다. 남들도 최선을 다하고 있지요. 때로는 그 사실을 놓치거나 그렇게 보이지 않을 수도 있지만, 우리 중 대다수는 거의 언제나 이로운 존재가 되고 싶어 합니다. 하지만 상황이 늘 원하는 대로 흘러가는 것은 아니지요. 일이 잘 풀릴 때도 있고, 안 풀릴 때도 있습니다. 그럼에도 우리가 최선을 다한다는 사실을 항상 염두에 두고서 우리 자신과 주변 사람들을 바라볼 때 삶은 달라집니다.

우리가 태어나서 죽을 때까지 맺는 온갖 관계 중에서 단 하나만이 진정으로 평생 이어집니다. 바로 우리 자신과 맺는 관계입니다. 그 관계가 연민과 온정으로 이루어진, 사소한 실수는 용서하고 또 털어버릴 수 있는 관계라면 어떨까요? 자기 자신을 다정하고 온화한 시선으로 바라보고 제 단점에 대해 웃어버릴 수 있다면 어떨까요? 그리고 그와 같은 마음으로 우리 아이들과 우리가 사랑하는 이들을 거리낌 없이 보살핀다면 또 어떨까요? 그렇게만 된다면 세상 전체가 반드시 좀 더 좋은 곳이 될 것입니다. 우리 안의 고귀한 마음가짐이 흘러넘칠 것입니다.

토마스 산체스 「고립」

우리가 태어나서 죽을 때까지 맺는 온갖 관계 중에서
단 하나만이 진정으로 평생 이어집니다.
바로 우리 자신과 맺는 관계입니다.

그 관계가 연민과 온정을 바탕으로 이루어지고,
사소한 실수는 용서하고 털어버릴 수 있는 관계라면 어떨까요?
자기 자신을 다정하고 온화한 시선으로 바라보고
단점에 대해 웃어버릴 수 있다면 어떨까요?

열린 문으로 들어가다

아직 크네레드의 오두막에서 지내던 시절의 이야기입니다. 명상 수업을 시작하며 조금씩 자존감을 회복해 나가던 때였습니다. 하지만 스웨덴은 제가 기억하던 나라와 많이 달라져 있었습니다. 사람들 간의 거리는 더 멀어지고 스트레스도 전보다 늘어났습니다. 다들 성과와 통제 능력에 대해 떠들었지요. 정작 저는 17년 동안 내려놓는 법을 죽어라 수행하고 왔는데 말입니다. 게다가 저는 원래 경쟁보단 협력을 추구하는 성향입니다. 제가 돌아온 사회에선 환영받는 인생관이 아니었지요.

그 무렵 스톡홀름경제대학 시절 알고 지내던 친구를 만났습니다. 그는 제게 다시 일을 시작했으니 앞으로의 사업 계획이 어떻게 되냐고 물었습니다. "내게 열리는 문이 있겠지. 그리로 걸어 들어가는 게 내 사업 계획이야." 친구는 딱히 감동한 표정이 아니었습니다. 하지만 그게 제게 주어진 유일한 선택지였고, 지금도 마찬가지입니다. 제 직감이 "안 돼"라고 속삭이지 않는 한 저는 그대로 살아갈 것입니다.

열리는 문마다 들어갔더니 재미있는 삶이 펼쳐졌습니다. 하루는 150명의 노조원을 알아차림의 신비로움을 느낄 수 있는 명상으로 이끌었습니다. 어느 날은 세계 각국에서 온 80명의 벤처 투자가에게 제가 제일 좋아하는 마법의 주문을 알려줬습니다. 선물과 같은 시간이었습니다. 저는 늘 제가 지금 이대로 괜찮은 사람인지 의심했습니다. 세상에 이바지할 게 하나도 없다고 생각했지요. 노동시장에서 저를 원하는 곳은 더는 없다고 확신했습니다. 다른 사람들에게 기쁨을 주고 저 또한 뿌듯해할 그런 일은 절대 없을 거라고 말입니다. 그런데 세상은 제게 강연이나 수련회부터 팟캐스트, 텔레비전이나 라디오 인터뷰 등 온갖 방식으로 제가 가진 것들을 나눌 기회를 주었습니다. 두 팔 벌려 저를 환영해주었습니다.

암울하던 시절엔 감히 꿈꾸지 못했던 상황이 펼쳐졌습니다. 사람들이 제게서 뭔가를 얻어간다고 느낄 때마다 제 안의 어둠이 조금씩 걷히는 것 같았습니다. 지금 그간의 경력을 돌이켜 보면, 전율이 일게 하는 롤러코스터에서 막 내려온 후처럼 신나고 짜릿합니다. 그야말로 끝내주는 기분입니다!

지난 몇 년간 스웨덴에서 겸손이라는 미덕이 새롭게 싹트는 것 같습니다. 점점 더 많은 사람이 내면에 더 귀를 기울이고 더 너그러워지고 있습니다. 낡은 관점에 의문을 제기하면서 새로운 관점을 시험하기 시작했습니다. 우리 모두에게 참으로 좋은 징조입니다.

사회로 복귀하는 여정에서 제 길잡이는 바로 믿음이었습니다. 주먹을 펴고 살아가라는 가르침을 되새기며, 어떻게든 상황을 제 뜻대로 하겠다고 바꾸려는 대신 우주의 섭리를 믿고 따르는 게 그 어느 때보다 중요했습니다. 숲속 승려로서 살던 삶과 서구 사회에서 바지 차림으로 사는 삶 사이에는 분명히 엄청난 차이가 있습니다. 하지만 어떤 삶에서든 믿음은 똑같이 중요합니다. 서구 사회에서는 흔히 삶을 더 통제할 수 있고 또 통제해야 한다고 생각합니다. 하지만 그건 틀렸습니다.

승복을 벗고 두어 해쯤 지난 어느 날, 아직 차가 없어서 훅스 헤르고르Hooks Herrgård 호텔에서 열린 스웨덴골프협회 연차 회의에 연사로 참석하려고 부모님의 차를 빌렸습니다. 골프협회 연차 회의라니, 전직 숲속 승려에게 어울릴 것 같지 않은 모임이었습니다. 행사가 끝난 뒤 부모님에게 차를 돌려주러 가는 길이었습니다. 스톡홀름에 당도할 즈음 전화벨이 울렸습니다. TV4에서 걸려 온 전화였습니다. 그들은 제게 아침 방송에 나와서 인생 후반부에 벌어진 급격한 변화에 대해서 들려달라고 요청했습니다.

듣자 하니 그 전날 92세에 추리소설 작가로 데뷔한 노인이 나왔는데 반응이 아주 좋았다고 합니다. 방송국 제작진들이 회의에서 새로운 안을 짜내는 모습이 눈앞에 선했습니다. "인생 후반부에 엄청난 변화를 겪은 다른 노인네가 없을까? 아, 예테보리에 노쇠한 전직 승려가 산다고 하지 않았나? 그 사람을 초대하면 어떨까?"

어리석게도 저는 그들의 제안을 덥석 받아들였습니다. 그렇게 해놓고는 걱정돼서 밤새 한숨도 못 잤지요. 제 자아상은 여전히 어두운 그늘에 갇혀 있는데 난생처음 텔레비전 생방송에 나가려니, 긴장감이 말로 다 할 수 없었습니다.

다음 날 아침 방송국으로 가는데, 수면 부족과 불안으로 다리가 후들거렸습니다. 진행자인 페테르 이데Peter Jihde와 틸데 데파울라Tilde de Paula가 점잖게 나를 맞아주었습니다. 잠시 뒤 우리는 소파에 앉아 대담을 시작했습니다. 카메라가 연신 돌아갔습니다. 한창 대화를 나누다가 제가 이런 말을 던졌습니다. "그야 그렇죠. 하지만 알다시피 살다 보면 한쪽 문은 닫혔는데 다른 쪽 문은 아직 열리지 않았을 때가 있잖아요. 그럴 땐 인간관계나 직장, 집, 사는 동네 등이 예전만 못하죠. 어떤 일을 다 마무리했는데 다음 일이 도무지 생기지 않는 겁니다. 문득 굉장히 불확실한 상황에 부닥친 자신을 발견하게 되죠. 그럴 땐 도대체 어디에 기대야 하죠? 음… 그럴 때 내적인 믿음이 있다면 유용하지 않을까요?"

페테르 이데의 얼굴에 의문부호가 떠오르는 것 같았습니다. 페테르를 만화 등장인물로 그린다면 그때 그의 속마음 말풍선에는 이런 대사가 들어가지 않았을까 싶었습니다. '이 친구가 하는 말은 당최 못 알아듣겠지만 그래도 꽤 호감이 간단 말이야.' 틸데 데파울라의 태도는 그보다 더 회의적이었습니다. 틸데의 속마음 말풍선엔 아마 이렇게 쓰여 있지 않았을까 합니다. '그래, 왜 아니겠어. 17년 동안 공짜로 숙식을 해결했으니 믿음이라는 말이 쉽게 나오겠지.' 물론 틸데가 실제로 한 말은 훨씬 더 고상했습니다. "하지만 비욘, 믿음이 밥 먹여주는 건 아니잖아요. 사람들은 아이들도 돌봐야 하고 식탁에 올릴 음식도 마련해야 해요."

저는 이런 반론에 대해 고민하고 있었습니다. 제가 믿음에 대해 말할 때 사람들은 늘 비슷한 의문을 품었으니까요. 그래서 간밤에 뜬눈으로 지새우며 뭐라고 대답할지 열심히 궁리해두었습니다. "그야 물론이죠, 틸데. 당신 말에 전적으로 동의합니다. 믿음이 늘 해답이나 해결책이 될 수는 없죠. 어떤 상황은 반드시 통제해야 하니까요. 우리가 이슬람교라고 부르는 지혜의 보고로 잠시 눈을 돌려볼까요. 이슬람교에는 금언이 참 많은데, 특히 무함마드의 언행록인 하디스Hadith엔 이런 문구가 있어요. 알라신을 믿되 타고 갈 낙타는 묶어두라."

재미있긴 하지만 그냥 웃자고 한 말은 아닙니다. 저는 이 지혜로운 금언을 좋아해서 늘 마음에 품고 다닙니다. 이분법적인 사고에 갇히면, 믿음으로 살아가기 위해선 다른 것에 의지해서는 안 된다는 식으로 빠지기 쉽습니다. 그래서는 안 됩니다. 절대로! 가령 소득신고를 할 땐 절대로 세상을 그냥 믿고 있어서는 안 됩니다! 서류를 모조리 꼼꼼히 챙기는 게 좋을 겁니다. 자녀에게 참석하겠다고 약속한 행사에 시간 맞춰 가려면 미리 계획을 세워 두어야 하지요. 그렇다고 해도 오늘날의 세계에서는 대부분의 사람들이 조금은 더 믿음의 가치를 염두에 두고 살아갔으면 좋겠습니다.

제게 믿음은 아주 좋은 친구입니다. 제 인생에서 나아갈 길을 찾고자 애쓸 때, 믿음과 순간의 지성은 제가 따르는 쌍둥이 나침반이지요. 제가 저 자신을 믿고 또 삶을 믿으며 살아가기를 진심으로 바랍니다.

인생의 의미는
당신의 선물을 찾아 나누는 것

재무 전문가로 계속 살았더라면 어땠을까요? 생각만해도 현기증이 납니다. 스톡홀름경제대학을 졸업하고 처음 6개월 동안 기차로 AGA 본사까지 출퇴근하던 시절이 가끔 떠오릅니다. 아침마다 제 머릿속은 왁자하게 떠들고 밀치는 아이들로 야단법석이었습니다. 그들은 제가 혹시라도 놓칠세라 해야 할 일과 달성할 목표들을 마구 소리쳤습니다. 그 아우성의 밑바닥엔 준비가 부족하다거나 제대로 생각하지 않았을지도 모른다는 불안감과 온갖 잘못될 가능성에 대한 고민이 깔려 있었습니다. 기차에 앉아 있는 내내 커다란 돌덩이가 가슴을 짓누르는 듯했습니다. '직장 생활이란 게 원래 이런 걸까? 준비가 부족할지도 모른다는 불안감에 끝없이 시달려야 하는 걸까? 눈 깜짝할 새 은퇴할 날이 오게 할 수는 없을까? 삶의 대부분을 이런 기분으로 살면 나중에는 어떻게 될까?'

다행히 저는 하루를 새롭게 시작할 다른 길을 찾아냈습니다. 개인적 선호도와 희망과 두려움에 집착하고 구속되지 않아도 되는 길. 바로 지금 여기에서 삶이 진행된다는 사실을 의식할 수 있는 길. 저는 이 길을 따라 사는 것이 훨씬 더 즐겁고, 이 길에서 지금의 제 삶을 개척할 수 있어서 기쁩니다.

이 모든 것은 믿음 덕분에 이룰 수 있었습니다. 예컨대 저는 강연할 때 메모를 준비하지 않습니다. 메모가 좋지 않다는 건 아닙니다. 다만 제 경우엔 정해진 원고를 사용해서 매번 똑같은 얘기를 한다면, 제 안에서 뭔가가 시들고 약해질 것 같거든요. 그러면 관객도 그것을 감지하겠지요. 살아 있는 이야기를 할 수 없을 테니까요.

제가 시도했던 특히 용감한 도전은 2019년에 감행한 스웨덴 전국 순회강연일 것입니다. 우리는 거기에 '자유를 찾는 열쇠'라는 거창한 제목까지 붙였지요. 다소 무모한 느낌도 있었지만, 세상이 저를 먼저 불러주길 기다리기엔 제게 남은 시간이 많지 않았습니다. 실무적인 측면은 친구이자 충실한 조수인 카롤린이 맡아주었습니다. 처음엔 여덟 개에서 열 개 도시를 방문할 계획이었습니다. 그런데 하다 보니 마흔 개 도시를 방문하고 나서야 끝을 맺었습니다. 살면서 그때만큼 뿌듯했던 적이 없었습니다. 2만 명이 넘는 사람이 마음을 열고 제 이야기에 귀를 기울여주었지요. 그들이 보내준 무한한 믿음은 정말 믿기 어려울 정도였습니다.

순회강연을 기획하던 단계에서 저는 다른 강연자들에게 이런 질문을 던졌습니다. "몸을 거의 움직이지 않는 중년 남성이 대본도 없이, 또 중간 휴식이나 음악이나 시각 자료도 없이 무대에 앉아 두 시간 동안 혼자 떠든다면 어떨 것 같으세요?" 당시에 괜찮은 구상이라고 격려한 사람은 한 명도 없었습니다. 당연한 반응이지요. 그만큼 너무 엉뚱하고 무모했습니다. 그런데 결과는 제 상상 밖의 성공이었습니다. 원고도 없었고 심지어 뚜렷한 계획도 없었지만 확고한 의지와 좋은 의도가 충만했으므로 저는 믿고 추진할 수 있었습니다. 이번에도 믿음이 통했던 것입니다. 사람들에게는 진심을 알아보는 눈이 있습니다.

스웨덴에서 다시 시작한 제 삶은 마침내 유쾌한 궤도에 들어서기 시작했습니다. 엘리사베트와 함께하는 일상, 초빙 강사로서 이끄는 명상 수업과 주말 명상 수련회, 기업체 강연, 친구들과 함께하는 저녁 만찬, 세계 각국의 사원을 방문해 영적 스승들의 이야기에 귀를 기울이는 것. 이는 승려가 되기 전에 누렸던 삶과 달랐습니다. 승려로서 이끌었던 삶과도 달랐습니다. 전혀 새로운 삶이었지요. 이 새로운 삶이 썩 마음에 들었습니다.

하지만 순조로울 것만 같던 궤도에 흠집이 생겼습니다. 사소한 것들이지만 어쩐지 마음에 걸렸습니다. 잠도 계속해서 저를 애태웠지요. 침대에 누우면 곤봉에 맞은 물개처럼 금세 뻗었지만, 대개 너무 일찍 눈이 떠졌고 그런 다음에는 다시 잠들지 못했습니다.

가볍게 달릴 때도 몸이 평소 같지 않았습니다. 근력이 말이 안 되는 속도로 쇠약해지는 것 같았습니다. 어느 날부턴가 팔굽혀펴기나 윗몸일으키기도 할 수 없었습니다.

뭔가가 잘못되고 있었습니다. 몸 안에서 뭔가가 관심을 기울이라고 제게 속살거렸습니다.

어느 날 밤 엘리사베트와 나란히 누워 책을 읽는데,

엘리사베트가 갑자기 저를 올려다보며 왜 자꾸 몸을 움찔거리느냐고 물었습니다.

책을 내려놓고 보니 가슴과 복부와 팔 근육이 눈에 보일 정도로 떨리는데 멈출 수가 없었습니다. 지진이 일어난 건 아니었죠. 제 몸이 미세하게 씰룩거리고 있었습니다. 근육이 갑작스러운 경련을 일으킨 것이었습니다.

휴대폰을 집어 들고서 제가 이때까지 감지한 신체 변화를 검색하기 시작했습니다. 그 결과는 별로 희망적이지 않았습니다.

믿음이 보여주는 자리로

태국에서 지낼 때 저와 가장 친했던 스님은 테자파뇨 Tejapañño입니다. 같은 날 도착해 삭발식을 같이 치렀고 동시에 사미승이 되었지요. 테자파뇨는 이른바 '여심을 사로잡는 남자'였습니다. 뉴질랜드에서 파도타기 챔피언이었다는데, 남자인 제가 봐도 참 멋있었습니다. 제가 1분 먼저 승려가 됐기에, 함께 탁발을 나갈 때면 앞장서서 걸었습니다. 음식을 준비한 사람들은 주로 마을 여자들이었습니다. 그들은 제 바리때에 음식을 넣은 뒤 눈을 내리깔고 고개를 살짝 숙이면서 합장했습니다. 그런데 테자파뇨의 바리때에 음식을 넣은 뒤엔 고개를 들고 눈부신 미소를 발사했지요. 그들을 탓할 수는 없는 노릇이었습니다.

믿음에 대해 생각할 때면 늘 테자파뇨와 둘이서 떠났던 만행이 떠오릅니다. 우리는 비자를 갱신하러 말레이시아 페낭에 있는 태국 영사관까지 다녀와야 했습니다. 정식 승려가 되면 방콕의 종교부에서 처리해주지만, 아직 사미승이었으므로 직접 해결해야 했지요. 숲속 승려들이 돈을 직접 다루진 않아도 사원에 자금이 부족한 것은 아니었습니다. 꼭 필요한 것이 있다면 사원의 이사회에 신청하면 되는데, 주지 스님이 그 역할을 맡아줘서 우리는 기차표를 구할 수 있었습니다.

우리는 야간열차를 타고 방콕으로 출발했습니다. 다음 날 아침, 상냥한 할머니들이 우리에게 음식을 주려고 방콕역 승강장에서 기다리고 있었습니다. 그날 오후에 우리는 말레이시아 본토의 끝자락인 버터워스Butterworth에 도착했습니다. 버터워스역 바로 옆에 페낭으로 넘어가는 페리가 있었습니다.

해협을 건너는 페리는 몇 링깃(말레이시아 화폐. 1링깃은 약 285원 정도 한다) 정도로 저렴했습니다. 하지만 우리에겐 돈이 없었습니다. 그럼 이제부턴 어떻게 해야 할까요? 앞서 말했듯이 숲속 승려는 그 누구에게도 부탁하거나 요구해서는 안 되는데 말이죠.

우리는 서로를 마주보며 멋쩍게 웃었습니다. 이제 수행을 막 시작한 우리가 인내와 믿음을 수행할 절호의 기회였지요. 그래서 매표 창구에서 꽤 떨어진 페리 터미널에 자리를 잡았습니다. 몇 시간이 흘렀습니다. 지나가던 사람들이 이따금 멈춰 서서 우리에게 몇 마디 건네곤 했습니다. 그러다 마침내 한 미국 청년이 우리에게 다가왔습니다.

"와, 서양인 승려로군요!"

"안녕하세요!"

"두 분의 승복은 제가 방콕에서 봤던 주황색 승복과 달리 황토색이네요. 숲속 승려인가요?"

"예, 그렇습니다."

"그런데 두 분은 여기서 뭐 하세요?"

"음… 그러니까, 우리는 여기 그냥… 서 있습니다."

"그야 그렇지만 여긴 페리 터미널이잖아요, 그렇죠? 숲속 승려들한테는 어울리지 않는 곳 같은데. 두 분은, 저기 그… 숲속에 있어야 하는 것 아닙니까?"

"아, 보통 때라면 그래야 하는데…."

"얼마 전에 지인한테 숲속 승려에 관한 이야기를 들었거든요. 당신들은 부처님이 살았던 시대와 거의 똑같이 살려고 애쓴다던데, 사실인가요?"

"예, 맞습니다. 그렇게 살려고 애씁니다."

"돈을 전혀 다루지 않는다는 것도 사실인가요?"

"예, 사실입니다."

"그런데 지금 여기 있다?"

"그게…."

"혹시 페리를 타야 하는데 표를 살 수 없는 건가요?"

"그렇다고 할 수 있습니다."

"세상에, 그렇군요! 제가 도와드릴게요. 어차피 몇 푼 하지도 않으니 제가 왕복표로 두 장 끊어드릴게요. 저한테 맡기세요!"

사원, 승려, 계율, 이끼가 꼈을 정도로 오래된 종교에 대한 글을 읽을 때 여러분은 아마 가장 먼저 엄격한 통제와 상시 규칙적인 일상, 제약 그리고 은둔 같은 것들을 떠올렸을 겁니다. 하지만 우리가 실제로 살았던 방식은 전혀 그렇지 않았습니다. 우리는 날마다 낯선 사람들의 관용에 전적으로 의존해야 했습니다. 사원 생활은 수행이 길어질수록 그 불확실성의 정도를 고조하도록 고안되어 있습니다. 그렇게 수행한 결과는 매우 유용합니다.

승려로 살며 배웠던 것을 저는 지금 '속세'에서도 거듭 확인하며 살아가고 있습니다. 우리가 사는 우주는 모든 것이 임의로 이루어지는 차갑고 적대적인 곳이 아닙니다. 오히려 정반대입니다. 우리가 세상으로 내보내는 것은 결국 우리에게 고스란히 돌아오지요. 제가 이처럼 믿음을 말하면, 상황을 철저하게 통제하려 드는 사람일수록 마음이 더 불편해질 것입니다. 하지만 그럴수록 믿음이 주는 기쁨과 풍요로움을 놓치게 됩니다. 그리고 누구라도 기댈 것이라곤 믿음밖에 없는 상황을 맞이하게 될 수 있지요.

두려워하지 않아도 돼

2018년 9월 11일, 바르베리Varberg에는 비가 내렸습니다. 저는 전쟁터로 향하는 군인처럼 비장한 각오로 신경과 병동에 들어섰습니다. 침착하게 진료실 문을 여는데, 저를 둘러싼 세상이 뒤집힐 수도 있다는 생각에 두려움이 확 밀려들었습니다.

몸의 이상을 감지한 뒤 곧장 병원에 갔고, 여름내 몇 가지 불쾌한 검사를 받았습니다. 의료진은 제 혀를 바늘로 찌르기도 하고, 몸의 여러 부위에 전기 충격을 주기도 했지요. 뭔가 심각한 문제가 생겼다는 의심은 점점 확신으로 굳어졌습니다. 구글에서 제 증상을 검색해봤으므로 일어날 수 있는 최악의 시나리오를 알고 있었습니다. 마음 깊은 곳에서 준비를 하라는 신호가 왔습니다. 의사는 검사 수치들을 덤덤히 알려준 뒤 잠시 뜸을 들였습니다. 그리고는 결코 전하고 싶지 않은 사실을 제게 말하려는 듯 힘겹게 입을 열었습니다. "비욘, 모든 징후가 ALS를 가리키네요."

ALS, 근위축성측색경화증Amyotrophic Lateral Sclerosis. 일명 루게릭병으로 알려졌지요. 최악의 시나리오였습니다. 타블로이드판 신문에선 이를 두고 '악마의 질병'이라고 떠들기도 합니다. 근육이 약해져서 결국 숨 쉴 기운마저 없어지는 질병입니다. 현대 의학으로는 ALS를 치료할 방법이 없어서 흔히 불치병으로 여겨집니다. 이 병을 진단받으면 3년에서 5년 정도 살 수 있다는 글을 위키피디아에서 읽었다고 말하자 의사가 대답했습니다. "당신의 경우엔 1년에서 5년 사이로 봅니다." 이 글을 쓰는 현재, 1년 하고도 9개월이 흘렀습니다.

저는 삶이 동시에 두 가지 국면으로 흘러간다는 점을 서서히 깨달았습니다. 개인적 차원에서 검사 결과는 저를 거칠게 강타했습니다. 절망과 충격에 오장육부가 갈

가리 찢기는 것 같았지요. 목 놓아 울고 싶었습니다. 그
와 동시에 제 안의 다른 부분은 너무나 담담하게 새로운
현실을 조심스럽게 열린 눈으로 마주했습니다. 저항하지
도 않았습니다. 이상하긴 했지만 딱히 낯설진 않았습니
다. 제 안에 의지할 무언가가 여전히 남아 있었던 것입니
다. 늘 깨어 있으면서 현실에 절대로 맞서지 않는 부분,
바로 알아차림이었습니다.

　의사는 자기 본분에 충실했고 감정적으로도 현명했습
니다. 벼락이라도 맞은 듯 정신없는 저를 배려해서 아주
친절하고 사려 깊게 설명해주었지요. 저는 어떻게든 마
음을 다잡고서 중요한 정보를 놓치지 않도록 의사의 말
을 휴대폰에 녹음했습니다. 앞으로 벌어질 일에 관한 의
사의 설명을 듣고 나서 저는 진료실을 나왔습니다. 뒤에
서 문이 닫히자마자 정신이 아득해졌습니다. 후들거리는
다리로 간신히 버티면서 친구인 나비드에게 전화를 걸었
습니다. 어떤 결과가 나오든 사랑하는 엘리사베트에게는
전화로 알리지 않기로 미리 합의해둔 터였지요. 집에 돌
아가 얼굴을 보면서 애기할 생각이었습니다. 우리 둘 다
무슨 애기를 하게 될지 너무 두려웠습니다. 그래서 한없
이 긴 복도를 걸어 나와 쏟아지는 빗길을 뚫고 차에 이를

때까지 나비드가 저를 붙잡아주었습니다. 운전석에 오르자 남은 여정은 혼자서 감당할 수 있을 것 같았습니다. 그래서 전화를 끊었습니다. 시동을 걸고 출발할 때까지는 그럭저럭 버틸 만했습니다.

곧이어 슬픔이 드높은 파도처럼 다가오기 시작했습니다. 고속도로에 이르자 제 안에서 화산이 분출하는 것만 같았습니다. '엘리사베트와 함께 늙어갈 줄 알았는데. 내 의붓손자, 손녀들이 나고 자라는 모습을 지켜보고 싶었는데….' 도저히 견딜 수 없었습니다.

그래서 또 다른 친구 라세에게 전화를 걸었습니다. 라세는 누구보다 선하고 아름다운 영혼의 소유자로, 제 인생의 등불 같은 존재지요. 폭풍우가 몰아치는 캄캄한 바다에서 가장 날카롭고 위험한 암초 지대를 지날 때조차 라세에게 의지하면 빛을 찾을 수 있었습니다. 그리고 그 빛은 늘 가장 설득력 있는 방식으로 한결같은 신호를 보냅니다. "모든 것이 원래 되어야 하는 대로 된다, 항상. 우주는 실수를 저지르지 않는다"라고요.

라세는 제가 집에 도달하기 7, 8분 전까지 침착하게 제 마음을 단단히 붙들어 주었습니다. 실컷 울고 난 뒤처럼 속이 후련했습니다. 폭풍우가 지나가자 몸이 다시 잔

잔해졌습니다. 마음도 아주 편안해졌지요. 아무것도 생각하지 않고 차분한 상태에서 온전히 제 마음을 받아들였습니다.

고속도로에서 막 벗어나려는 순간, 제 안에서 뭔가가 움찔거렸습니다. 전에도 몇 번 그랬던 것처럼 현명하고 직관적인 목소리가 또다시 제게 말을 걸었습니다. 제가 지금 말하려는 것처럼 장황하진 않았습니다. 실제로 언어의 형태를 띠었던 것도 아니었어요. 순간적인 환영이나 관념에 더 가까웠지만, 그 메시지가 마음에 분명히 다가왔습니다.

지금까지 내가 진실하게 살 수 있도록 격려해줘서 고마워. 내 안의 아름다운 측면을 발휘할 기회를 많이 준 것도 정말 고마워. 그런데 내가 바랐던 때보다 훨씬 일찍 마지막 숨을 거둘 날이 올 것 같아. 차분히 생각해보니 용서받지 못할 일이나 깊이 후회할 일, 바로잡지 못할 일을 저지르진 않았어. 내 어깨를 짓누를 만큼 묵직한 업을 짓지는 않았어. 그래서 때가 오면, 이 필멸의 고리를 벗어던질 때가 오면, 그동안 바르게 살았음을 알기에 난 환한 얼굴로 죽음을 맞이할 수 있을 거야. 다음에 무슨 일이 닥칠지 두려워하지 않으면서 숨을 거둘 수 있을 거야.

마법 같은 순간이 으레 그렇듯 그 순간도 무척이나 놀라웠습니다. 강렬하고 멋졌으며 즐겁기까지 했습니다. 더군다나 그 느낌은 막연한 추측이 아니라 단정적인 고백이었습니다. 저는 늘 바르고 진실하게 사는 것이, 양심에 부끄럽지 않게 살아가는 것이 중요하다고 믿어왔습니다. 누군가가 그런 노력을 알아주고 인정해주는 것만 같았습니다. "넌 지금까지 잘 준비해왔어. 아무런 후회나 미련 없이 죽음을 맞이할 수 있을 거야. 걱정할 필요 없어."

죽음이 찾아오는 모습

바르베리병원에서 운전하고 돌아와 현관에 들어섰을 때, 저는 아무 말도 하지 않아도 됐습니다. 엘리사베트는 제 얼굴을 보는 순간 알아차렸습니다. 최악의 두려움이 우리 현실이 됐다는 것을. 우리는 서로 품에 안겨서 울고 또 울었습니다. 그런 상황이 며칠 동안 이어졌습니다. 대개 서로 번갈아가며 울었지요. 우리의 슬픔은 마치 언제 상대가 그것을 품어줄 수 있는지를 알고 찾아오는 것 같았습니다.

셋째 날 아침, 평소대로 일찍 일어났는데 가슴이 조

금 가벼워진 기분이었습니다. 6시쯤 친구에게서 전화가 와서 저는 엘리사베트가 깨지 않도록 살그머니 세탁실로 가서 타일 바닥에 앉았습니다. 한참 통화하는데 엘리사베트가 고개를 쑥 들이밀었습니다. 제가 올려다보자 엘리사베트는 특유의 벨벳처럼 부드러운 미소를 지으며 입모양으로 잘 잤냐고 물었습니다. 우리는 한참 서로의 시선을 붙잡았습니다. 엘리사베트의 눈이 다시 반짝이고 있었습니다. 만세! 영원히 지속되는 폭풍우는 없지요. 그 또한 지나가리라.

저는 차차 제가 아프다는 사실을 받아들이기 시작했습니다. 딱히 부정도 수용도 아니었습니다. 그런 분류는 중요하지 않을지도 모릅니다. 다만 어떻게든 오랫동안 유지할 수 있는 유일한 자세를 선택했던 것입니다. 엘리사베트도 저도 의사들의 암울한 예측을 유일하게 일어날 수 있는 결과라고 온전히 받아들이지는 않았습니다. 기적이 비집고 들어올 틈새를 남겨두고 싶었습니다. 저는 올해가 가기 전에 죽을 수도 있습니다. 어쩌면 엘리사베트와 함께 20년을 더 살 수도 있지요. 확실한 건 아무도 모릅니다. 미래는 그럴 수도, 아닐 수도 있는 것입니다.

예전에 어디선가 이런 글을 읽은 적이 있습니다. '당

신이 바라지 않는 것을 남들에게 주지 말라. 가령, 청하지도 않은 조언 같은 것은 건네지 말라.'

저는 ALS 진단 사실을 소셜미디어에 올리면서 건강에 관한 조언은 자기 자신을 위해 아껴두라고 전했습니다. 그러거나 말거나 식이요법이며 운동법 같은 수백 건의 조언이 쏟아졌지요. 그런 목소리가 저를 아끼고 걱정한다는 뜻인 줄 압니다. 하지만 도무지 왜 하는지 알 수 없는 부류의 조언도 있었습니다. 대략 이런 식입니다. "나는 당신이 왜 그런 질병에 걸렸는지 잘 압니다. 건강을 회복하려면 이렇게 해야 합니다." 이런 범주의 조언은 흔히 제 신체적 질병에 감정적, 심리적 원인이 있다고 전제합니다. 그런 말을 접할 때마다 얼마나 화가 나는지 힘빠진 환자조차 잠시나마 파들거리게 됩니다. 오만하고 주제넘으며 어떤 도움도 줄 수 없는 말이지요.

반면 승려 시절에 배운 것들은 여러모로 도움이 되었습니다. 어쨌거나 저는 앞일을 미리 걱정하지 않는 법과 떠오르는 생각을 다 믿지 않는 법을 17년 동안이나 수행했으니까요. 진단을 받은 뒤로는 그 어느 때보다 소중해진 기술입니다. 그 기술 덕분에 때로 덮쳐오는 절망감을 조금이나마 물리칠 수 있었습니다. 아울러 휠체어 신세가 되거나 말도 못 하고 아무것도 삼킬 수 없게 되면 어떤 기분이 들지에 집착하지 않을 수 있었습니다. 그 대신 제 안에서 싹트는 다른 느낌을 감지할 수 있었지요. 그것은 죽는 그날까지 진정으로 살아 있고 싶다는 강력한 의지였습니다. 저는 죽음이 두렵지는 않습니다. 다만 아직 삶을 멈출 준비는 되지 않았습니다.

어떻게든 평범한 일상을 지키기로 했습니다. 질병에 휘둘리고 싶지 않았습니다. 이런 상황에서는 자기 자신을 피해자로 인식하고 스스로의 정체성을 곧 '병자'라고 여기게 되기 쉽습니다. 저는 그 함정에 빠지지 않으려고 특히 조심해왔습니다. 어쩌면 그래서 더 적극적으로 순회강연에 나섰는지 모르겠습니다. 세상에게 그리고 아마도 저 자신에게 "나는 여전히 여기 있습니다"라고 말하고 싶었던 게 아닐까요.

당연하게도 ALS 증상이 나빠질수록 혼자 여행하는 데 실질적인 걸림돌 몇 가지를 마주하기 시작했습니다. 저는 사람을 믿는 법을 연습해야 했습니다. 무뎌진 태국어를 되살려서 호텔 청소원에게 셔츠와 바지의 단추를 채워달라고 부탁해야 했지요. 주유기에서 카드를 빼내지 못해 주변에 도움을 청해야 했습니다. 호텔에서 린셰핑

Linköping의 극장까지 거리를 잘못 계산하는 바람에 낯선 이에게 어깨를 빌려달라고 부탁해야 했습니다. 자갈길에서 여행 가방을 끌 기운이 없어 어느 청년에게 대신 끌어달라고 부탁했습니다. 어느 날 룬드Lund의 길거리 한복판에서 넘어져 머리를 심하게 찧었을 때도 다른 이들의 도움을 받았습니다. 다 목록으로 작성하자면 끝이 없습니다. 어디를 가서 무엇을 하든지 저는 낯선 이의 호의에 기대야 했습니다. 실질적인 도움이 점점 더 필요해질수록 더욱 분명해지는 것도 있었습니다. 사람은 대부분 남을 도와주길 좋아하며, 기회가 생기면 선뜻 나서서 돕는다는 것이었습니다.

진단받고 1년쯤 지난 이듬해 겨울, 저는 심한 폐렴에 두 번이나 걸렸습니다. 처음엔 크리스마스 전후로 코스타리카를 여행하다가 걸렸지요. 증세가 너무 심해서 결국 수도의 한 병원으로 이송되었습니다. 가쁜 숨을 몰아쉬면서 세스나 경비행기의 작은 창문으로 별을 바라보는데, 속으로 문득 이런 생각이 들었습니다. '이렇게 끝나는 건가?'

6주 뒤 폐렴이 재발했습니다. 이번엔 살트셰바덴의 집으로 돌아온 다음이었습니다. 2월의 어느 토요일, 숨쉬기가 너무 버거워 새벽 3시에 구급차를 불렀습니다. 병원까지 10분밖에 안 걸렸지만, 그 생각이 또 떠오르기엔 넉넉한 시간이었습니다. '이렇게 끝나는 건가?'

죽을 고비를 두 번이나 겪으면서 저는 두려움에 휩싸였습니다. 제 인생이 다 끝난 것 같다는 사실 때문이 아니었습니다. 끝을 맺는 방식 때문이었지요. 저에게 죽고 싶은 열 가지 방법 중에 질식사는 없었습니다. 하지만 저와 같은 병을 앓는 환자들의 끝은 많은 경우 호흡기능상실로 말미암은 질식사입니다.

ALS 증상이 더는 버틸 수 없을 정도로 심해지면 스위스에서 의사의 조력을 받아 안락사를 하는 것도 고려하고 있습니다. 그런 선택을 할 수 있어서 감사합니다. 하지만 한편으론 자연스러운 과정에 맡기고 싶다는 생각도 갈수록 커집니다. 침몰하는 배와 함께 가겠다고 선택하는 훌륭한 선장처럼, 제 안의 뭔가는 때가 되기 전에 떠나고 싶어 하지 않았습니다.

진단 이후의 나날은 슬픔으로 가득 차 있지만 분노는 거의 없습니다. 제 슬픔은 대부분 아직 일어나지 않은 일, 제가 놓치게 될 일에 느끼는 아쉬움에서 비롯하지요. 아내의 아이들이 손자를 낳아 기르는 모습을 볼 수 없다는 것은 생각만 해도 가슴이 미어져 말을 꺼내기조차 힘듭니다. 그리고 엘리사베트와 함께 늙어가길 간절히, 간절히 바랐는데 그 소망도 이룰 수 없게 되었지요.

하지만 저는 질병에 분노하진 않습니다. 신이나 운명에도 분노하지 않습니다. 어차피 장수를 약속받은 것도 아니었습니다. 그런 점에서 우리 인간은 나무에 매달린 잎사귀와 같습니다. 대부분의 잎은 시들어 갈색으로 변할 때까지 버티지만, 일부는 여전히 파릇파릇한 초록빛일 때 떨어지지요.

덮쳐오는 절망감을 물리치자
제 안에 싹트는 다른 느낌을 감지할 수 있었지요.
죽는 그날까지 진정으로 살아 있고 싶다는
강력한 의지였습니다.

토마스 산체스 「도전」

다 빼앗길 것이다

제 정신과 영혼은 아직 전과 다른 것 같지 않습니다. 하지만 제 몸은 매일같이 더 많은 것들을 포기하고 있어 서글픕니다. ALS를 앓는다는 것은 꼭 집 밖으로 절대 내쫓을 수 없는 도둑을 데리고 사는 것과 같습니다. 도둑이 제 집에 마음대로 들어왔다는 것을 깨달으면 무척 불편하고 당황스럽지 않겠습니까? ALS에 처음 걸리고 나면 해야만 하는 요추천자(척추 아랫부분에 바늘을 꽂아 골수를 뽑아내는 것)와 근전도검사, 신경조영술 따위를 받을 때 딱 그런 느낌이 듭니다. 아주 큰 바늘과 작은 바늘이 몸의 구석구석에 수없이 꽂히더니 그것만으로는 부족한지 전기 충격도 오고 이해할 수 없을 정도로 긴 검사들도 받아야만 하지요.

그다음에는 집에 늘 있던 것들이 하나둘 없어지는 듯한 느낌이 듭니다. 아무래도 도둑이 몰래 가져가는 것 같아요. 어느 날에는 윗몸일으키기나 팔굽혀펴기를 할 수 없게 되더니 다음으론 달리기나 수영, 노 젓기, 자전거 타기를 못 하게 되고 결국에는 물건을 던지거나 잡고 들어 올리는 일도 더는 되지 않습니다. 이젠 매사 도움을 청하는 데 익숙해져야만 하지요. 손발톱을 깎고, 신발 끈을 묶고, 문을 열고, 샌드위치를 만들고, 차에 주유하고, 병뚜껑을 따고, 바나나 껍질을 벗기고, 치약을 짜는 등 뭐 하나 자기 스스로 할 수 없습니다.

그제야 전 깨닫게 되었지요, 도둑은 모든 걸 훔쳐 갈 때까지 절대 만족하지 않으리라는 사실을. 의료계의 최신 의학 지식을 보더라도 어쩌할 도리가 없습니다. 그나마 다행히 우리 집에는 도둑 말고도 다른 누군가가 있습니다. 바로 엘리사베트지요. 엘리사베트는 빛나는 갑옷을 입은 중세 기사에 버금가는 현대 기사가 되어 제 곁에서서 함께 힘겨운 전투를 치릅니다. 엘리사베트는 투구의 차양을 살짝 들어 올리고는 저를 향해 환한 미소를 짓지요. "두려워하지 말아요. 내가 언제까지나 당신 곁에 있을 테니까." 그러면 저는 어떤 상황이 닥치든 괜찮을 거라고 안심할 수 있습니다.

2년 만에 근육량이 20킬로그램이나 줄었습니다. 소파에서 일어나려는 시도조차 결과를 알 수 없는 힘겨운 도전이 되었습니다. 육신을 움직이는 일은 뭐 하나 쉬운 게 없습니다. 차를 마시거나 전동 칫솔로 이를 닦는 것조차도 말입니다.

불교도는 명상할 때 지금 이 육체로 존재하는 것에 집중합니다. 그러나 우리와 육신 사이에는 엄연한 차이가 있습니다. 인간은 곧 육신이 아니며, 육신을 지녔을 뿐입니다. 부처님은 그 점을 강조하고자 이런 말씀을 하셨습니다. "나는 끝없이 돌고 도는 육신을 통해 태어남도, 죽음도 없음을 알아차렸다."

육신은 본래 이따금 아프기 마련이지요. 운이 좋으면 노년까지 살지만 결국엔 죽습니다. 저는 불교를 수행하던 중 어느 순간, 인간의 육신을 바라보는 상당히 현실적인 관점을 터득했습니다. 그러니까 육신은 말하자면 우리가 착용하는 우주복과 같은 겁니다. 제가 받은 이 우주복은 다른 사람들 것만큼 성능이 좋지 않아서 좀 더 빨리 닳는 모양입니다. 그건 제가 어쩔 수 있는 부분이 아니지요.

승려의 삶은 저도 모르게 여러모로 죽음을 대비하도록 해주었습니다. 부처님은 우리 모두 언젠가 죽는다는 사실을 명심해야 한다고 거듭 강조했습니다. 숲속 승려로 수행하며 살아간다는 것은 늘 죽음을 접한다는 뜻이기도 했습니다. 인간의 삶은 영구적이지 않으며 언젠가 끝난다는 현실을 날마다 마주했습니다. 대오大悟의 순간 없이도 육신의 삶이 유한하다는 것은 그곳에서의 삶이 흐를수록 제 안에 점점 깊이 새겨졌습니다.

제가 있던 사원의 선당에 들어가면, 제일 먼저 진열장에 놓인 인간 해골이 보였습니다. 권총으로 자살한 여성의 해골이어서 관자놀이에 구멍이 뚫려 있지요. 그 여성은 자기 몸을 사원에 바치겠다는 유서를 남겼습니다. 자기 유골이 사원을 찾는 이들에게 삶의 유한함을 떠올리게 해주길 바랐던 것입니다. 그리고 제단으로 올라서서 거대한 황동 불상 두 좌를 지나치면, 커다란 플라스틱 용기가 50개 정도 있습니다. 각각의 용기엔 먼저 떠나간 승려들의 뼈와 재가 한 구씩 담겨 있습니다.

앞서 언급했듯 화장 숲에 지어진 사원 옆에는 화장터가 있었습니다. 그러다 보니 인근 마을의 장례식은 모두 사원에서 치러졌습니다. 그러나 흐느낌도 통곡도 좀처럼 들리지 않았습니다. 고요하거나 엄숙한 분위기 역시 아니었습니다. 장례식의 참석자들은 하나같이 느긋했으며, 탄산음료를 잔뜩 마시면서 웃고 떠들었지요. 누군가가 우는 모습을 본 순간은 딱 한 번, 고인이 어린아이였을 때였습니다.

　장례식은 보통 이런 식으로 진행되었습니다. 오후가 되면 고인의 친척들이 마을에서 관을 실은 수레를 밀고 왔습니다. 그들은 내내 노래를 부르며 화장 숲까지 온 다음, 관을 장작 위에 올리고 시신을 옆으로 돌려 눕혔습니다. 똑바로 눕히면 나무에 불이 붙었을 때 관 밖으로 상체가 튀어 오를 수도 있기 때문이라고 합니다. 그게 힘줄과 관련 있다는 소리를 얼핏 들었습니다.

　이 마을에서는 화장하기 전에 시신을 관에 담아 사흘 동안 거실에 모셔두므로 사람들은 고인이 떠났다는 사실에 이미 익숙합니다. 아울러 냉동되지 않은 시신이 열대의 무더위 속에서 부패하는 과정 또한 죽음을 추상적으로 바라보지 않게 합니다.

저는 가끔 불길 옆에서 타오르는 시신을 밤새 바라보았습니다. 며칠 전까지 숨 쉬고 움직이던 삶의 흔적이 피할 수 없는 죽음을 맞아 그렇게 사라지고 있었습니다. 그러고 나면 제 안에서 쉼 없이 들썩이던 뭔가가 차분해졌습니다. 불안하던 마음도 살며시 가라앉았습니다. 뜨거운 불길을 바라보면서 내면의 불길을 식힐 수 있었습니다. 머리로 죽음에 대해 성찰했다기보다는 마치 제 육신이 진실을 보고 알아차린 것 같았습니다. 불편한 진실은 그것을 외면하지만 않는다면 오히려 우리에게 도움이 될 것입니다.

어렸을 땐 제 몸의 이곳저곳이 걱정스러웠습니다. 마음에 안 드는 곳들은 얼마든지 있었고, 그곳에 대해 이러쿵저러쿵 불만을 늘어놓았지요. 하지만 이젠 저와 제 육신은 그때와는 전혀 다른 관계를 맺고 있습니다. 오랜 친구 같다고나 할까요. 우리는 좋을 때나 어려울 때나 늘 함께했습니다. 우리는 이젠 젊지 않습니다. 그 오랜 세월을 함께해준 제 몸에게 고맙습니다. 그 고마움을 어떻게든 표하고 싶습니다.

숱한 세월 동안 한결같이 최선을 다해줘서 정말 고맙다.

넌 지금 힘든 싸움을 하고 있어. 참으로 네가 안쓰럽단다.

넌 뭐 하나 거저 얻지 못하면서도 날 위해 온 힘을 다하는 구나. 네가 필요한 공기조차 얻지 못하는데도.

그런 너를 도우려고 나도 최선을 다하고 있어. 하지만 충분치 않다는 걸 알아. 아니, 턱없이 모자라지.

그런데도 넌 날마다 네가 가진 걸 모두 걸고서 힘껏 싸우는구나. 넌 내 영웅이야.

또 다른 동작이 불가능해지더라도 다시는 너한테 화내지 않겠다고 약속해. 그 어느 때보다 더 열심히 너에게 귀를 기울일게. 네가 줄 수 있고 또 주고 싶어 하는 것보다 더 많이 달라고 요구하지 않을 거야. 지금까진 그러지 못해서 미안해.

마지막으로, 가장 중요한 약속이 있어. 네가 더 버틸 수 없을 땐 네가 원하는 대로 할 거라고 엄숙히 맹세할게.

그때가 오면 다 받아들이고 감사한 마음으로 내가 할 수 있는 걸 할게. 믿고 받아들이며 편히 쉴게. 우리가 누렸던 놀랍도록 멋진 삶에서 기쁨을 얻고, 아주 의연한 목소리로 너에게 속삭일게.

"너와는 이렇게 끝나겠지만 난 앞으로도 계속 갈 거야."

네가 세상에서 더 보고 싶은 것

제 첫 번째 주지인 아잔 파사노 스님은 달변은 아니셨습니다. 앞에 나서서 이야기하는 걸 딱히 좋아하진 않았지만 주지 자리에 있다 보니 설법을 자주 해야 했습니다. 스님의 강점은 원래 다른 데 있었습니다. 스님이 자신을 찾아온 사람들에게 시간을 내주고 인내심을 발휘하는 모습을 보면 고개를 절로 숙이게 되었지요. 일부 방문객은 대단히 오만해서 자신이 얼마나 영적으로 수승한지 마구 떠벌렸습니다. 때로는 불쾌할 법도 했지만 아잔 파사노 스님은 누구에게나 친절하고 공정하게 대했지요. 불교 사원의 주지를 맡아 우리 모두에게 모범을 보이는 일은 확실히 쉽지 않습니다. 하지만 스님은 늘 한 치의 흐트러짐도 없었습니다. 자신이 설법한 것을 실천해서 행동으로 가르침을 뒷받침했고 선의와 연민을 결코 잃지 않으셨습니다.

어느 날 저녁, 차를 마시는 동안 아잔 파사노 스님이 설법을 시작했습니다. 어머니가 스님에게 수행을 시작하고 나서 얼마 만에 캐나다의 가족을 방문했는지 물었던 바로 그날이었습니다. 아마도 그 질문이 이 기억을 떠올리게 한 것 같습니다. 스님은 16년 만에 처음으로 집으로 돌아갔던 때의 이야기를 꺼냈습니다.

아잔 파사노 스님은 크리스마스를 맞아 부모님 집을 찾았습니다. 가족과 친척들은 명절을 맞아 다 함께 모였습니다. 어느 늦은 밤, 스님은 사촌과 식탁에 마주 앉았습니다. 사촌은 위스키를 마시고 있었지요. 위스키 병을 빠른 속도로 비우던 사촌은 갑자기 잔을 하나 더 가져오더니, 술을 붓고는 스님 앞에 두었습니다.

"한잔 안 마실래?"

"괜찮아. 내가 속한 종파는 술을 마시지 않아."

"에이, 뭘 그래." 사촌은 포기하지 않았습니다. "누가

266

알겠어."

아잔 파사노 스님은 그를 바라보고는 조용히 그리고 분명하게 말했습니다.

"내가 알겠지."

그 이야기를 들었을 때 목뒤의 모든 털이 가닥가닥 서는 것 같았습니다. 메시지의 힘은 때때로 내용보다도 누구에게서 나왔느냐에 달려 있습니다. 함께 있을 때면 나역시 마음이 곧아지는, 신뢰하고 존경하는 사람에게서 나온 이야기의 힘은 특히 막강합니다. 이런 사람들은 이야기의 출처를 향한 신뢰 덕분에 단순한 이야기로도 마음 한가운데를 꿰뚫을 수 있지요. 아잔 파사노 스님은 제게 그런 사람이었습니다. 그래서 이야기를 듣는 순간에 그 의미가 제 안으로 깊게 뿌리내려 영감의 원천이 되고 진실한 삶을 살아야 할 이유로 다가왔습니다. 제게 윤리의 의미란 그런 것입니다. 저 자신의 행동과 말에 책임을 지고 싶은 것도 그런 이유입니다.

등을 꼿꼿이 세우고, 도덕의 나침반을 놓치지 않은 채 살아가고 싶은 것은 어떤 책에서 그렇게 하라고 말해서가 아닙니다. 먼지가 내려앉은 어느 낡은 종교의 지침이 그러해서도 아닙니다. 혹은 다른 이들에게 올곧게 보이고 싶어서도 아니지요. 구름 위에 있는 어떤 은발 노인이 제가 하는 모든 행동과 말을 지켜보며 평가하고 있어서도 아닙니다. 제가 기억하기 때문입니다.

사람들이 떠올리기만 해도 수치심을 느끼는 일들, 다른 사람들이 행여나 알까 두려운 일들은 모두 자신이 틀렸다는 것을 알면서도 저지른 짓입니다. 진정 무거운 짐이지요. 그 짐을 끌고 다니는 일상은 지난하고 괴롭습니다. 그 대신 이 삶의 여정에서 어두운 과거가 너무 많지 않다면, 품위를 저버렸던 고통스러운 기억이 너무 많지 않다면 어떨지 한번 상상해봅시다.

그것이 자기 이득을 위해 다른 사람을 속이지 않는 것의 가치입니다. 자기 목적을 이루고자 다른 사람을 해하지 않고, 자기 마음과 몸이 당장 편하겠다고 진실을 회피하고 굽히고 왜곡하지 않는 것의 가치입니다.

그런 행동들은 평범하고 인간적인 것이지요. 저지르기 무척 쉬운 잘못들입니다. 그러나 우리가 진정 우리의 말과 행동에 책임을 지기 시작한다면 아름다운 일이 일어납니다. 내 어깨 위에 얹힌 무게가 줄어들게 되지요. 결국 다른 사람을 위해서가 아니라 자기 자신을 위해 그렇게 사는 것입니다.

태국에는 멋진 속담이 하나 전해 내려옵니다. '부처의 등을 도금한다'라는 말이지요. 태국의 신도들이 정기적으로 절을 찾아 참선한 다음 금종이와 촛불, 향을 보시하는 전통으로부터 유래한 것입니다. 태국의 불상들은 대개 이 금종이들로 금박을 입히거든요. 이 속담은 자기의 선행을 다른 이들이 알아주지 않아도 상관없다는 뜻입니다. 아무도 보지 못할 불상의 등에 금박을 입힌다는 생각에는 그야말로 멋진 구석이 있습니다. 이때 다른 누군가가 아는지 모르는지는 중요하지 않습니다. 자기 자신만은 알 테니까요. 우리는 늘 자기 자신과 함께 살아갈 수밖에 없습니다. 그래서 우리의 행동과 기억은 우리가 앉아 있는 목욕물과도 같습니다. 그 깨끗함은 자신에게 달려 있습니다.

무엇이 윤리적으로 혹은 도덕적으로 더 옳은지 끝없이 논쟁할 수 있습니다. 철학자들은 이런 문제를 수천 년 동안 숙고했지요. 하지만 그 모든 생각의 알맹이는 생각보다 단순할지도 모릅니다. 즉, 우리에게는 양심이 있으며 우리가 했던 말과 행동을 기억한다는 것입니다. 두 가지가 일치하지 않으면 우리 마음 한구석의 짐이 생깁니다. 우리 마음속에 어떤 짐을 남길 것인지 또한 결국 자신의 선택에 달린 셈입니다.

그렇다면 우리가 경계하고 책임져야 할 생각은 무엇일까요? 충동 그 자체를 책임져야 하는 것은 아닙니다. 그 점은 확실하지요. 아무리 아닌 척해도 우리는 누구나 이따금 말도 안 되는 충동을 느낍니다. 아잔 파사노 스님이 들려주신 이야기가 하나 있습니다. 1970년대 미국 대통령 선거 기간에 있었던 일로, 마치 충동이란 어떤 것인지를 그대로 보여주는 듯한 일화였습니다. 지미 카터 후보는 당시 가장 유력한 대통령 후보였습니다. 인터뷰에서 기자가 카터에게 이런 질문을 던진 겁니다. "혹시 불륜을 저지른 적이 있습니까?" 지미 카터는 이렇게 대답했습니다. "내 몸으로는 저지르지 않았지만 상상 속에서는 수차례 저질렀죠." 그 말 한마디로 카터에 대한 신뢰도와 지지도가 순식간에 곤두박질쳤습니다. 하지만 우리 스승님께서도 말했듯이, 그 인터뷰가 좀 더 계몽된 사회에서 이루어졌더라면 지미 카터의 지지도는 오히려 높아졌을 겁니다. 어떻게 이보다 더 인간적일 수 있을까요? 우리 모두 카터의 말에 공감할 수 있을 겁니다. 충동은 인간의 원초적인 본성에 새겨져 있습니다. 그 자체로서는 책임을 묻거나 비난할 수 없습니다.

그렇다 하더라도 충동을 잘 조절할 만큼 마음을 연마한 사람, 또는 어떤 충동을 따르고 어떤 충동을 내려놓을지 선별할 수 있는 사람을 보면 무척 흐뭇합니다.

부처님은 그런 이들의 아름다움에 대해 이렇게 말씀하셨습니다. "자기 행동과 말에 책임지는 사람, 진실을 고수하고 규칙을 존중하는 사람, 다른 사람을 일부러 해치지 않는 사람, 그런 사람은 열대의 밤하늘에 뜬 보름달처럼 구름 뒤에서 서서히 나타나 온 세상을 환히 비춰준다."

어렸을 때 〈작은 거인Little Big Man〉이라는 서부영화를 보았습니다. 미국 원주민과 백인의 갈등이 첨예하게 대립하던 시절의 이야기입니다. 영화에는 '올드 로지 스킨스'라는 족장이 등장합니다. 풍파 많은 인생을 살았던 족장은 어느 날 아침 뾰족하게 솟은 원뿔형 천막에서 나오며 이렇게 말했지요. "오늘은 참 죽기 좋은 날이로군." 제게 죽음이 찾아오는 방식도 그랬으면 좋겠습니다. 친구처럼. "어서 오게, 죽음이여." 죽음이 다가와 제 귀에 이렇게 속삭여주면 좋겠습니다. "언젠가는 다 끝난다네.

그러니 어떠한 그림자도 남기지 않고 떠나도록 하게."

삶은 어느 날 갑자기 끝날 겁니다. 그 삶을 어떻게 선택하고 살아왔는지가 더욱 중요해지는 순간입니다. 윤회나 업보를 믿든 말든 상관없습니다. 어느 쪽이든 우리가 지고 살아온 마음의 짐이 우리가 무엇을 했고 무엇을 하고 있고 무엇이 기다리는지를 돌이키는 데 아마도 큰 영향을 미칠 겁니다.

모든 오래된 종교와 영적인 전통이 우리가 언젠가는 죽을 운명임을 기억하라고 강조하는 것은 우연이 아닙니다. 삶 속에서 결정을 내리고 어떻게 살아가야 할지 고민할 때도 언젠가는 이 모든 것이 끝난다는 것을 늘 명심하시기 바랍니다. 우리는 내면의 아름다움을 보여주며 살아가기를 선택할 수 있습니다. 오늘은 어제보다 조금 더 그리고 내일은 그보다 더 많이. 인생은 짧습니다. 우리가 그 점을 진정으로 이해할 때, 우리가 그 사실을 마음으로 깨달을 때, 상대를 내 뜻대로 휘두르려고 하지 않을 때, 지금 누리는 것들을 당연히 여기지 않을 때, 우리의 삶은 지금과 달라질 것입니다.

제아무리 애써도 우리는 모든 일이 원하는 대로 이루어지게 할 수 없습니다. 하지만 적어도 선의로 행동하기를 선택할 수 있습니다. 조금 더 공정하고 친절하게 행동하고 말하려고 노력할 수도 있습니다. 그건 하찮은 일이 아닙니다. 지극히 소중한 일이며 누구나 할 수 있는 일입니다. 내면의 아름다움을 기르는 데 필요한 건 오로지 자기 자신의 변화입니다.

열 살 정도만 돼도 내면의 아름다움이 구체적으로 어떤 것들인지 설명할 수 있을 테지요. 인내심, 관대함, 정직함, 당당함, 용서하는 능력, 상대의 처지에서 생각하는 능력, 공감, 경청, 연민, 이해심, 사려 깊음…. 무엇이 아름다운 것인지는 누구나 쉽게 알 수 있습니다. 하지만 오늘날의 문화는 딱히 이런 자질을 밖으로 드러내도록 장려하지 않는 것 같습니다. 바로 그렇기에 저는 이런 내면의 힘에 더욱 주목했으면 합니다. 우리에게 허락된 그리 길지 않은 시간 동안 우리 안에 있는 가장 아름답고 강한 힘을 겉으로 드러내면서 살아가자고 말하고 싶습니다. 지금 이 세상에 그보다 더 필요한 것은 없습니다.

그렇다면 우리가 당장 인류 전체를 뜯어고치고 전 지구적 문제를 해결하고자 나서야 할까요? 우리가 모두 그레타 툰베리나 간디가 되어야 할까요? 그야 물론 아닙니다. 그와 같은 역할을 맡을 수 있는 사람은 지극히 소수로, 커다란 의제에서 동력을 얻는 사람들입니다. 훌륭하기 이를 데 없지만 누구나 다 그러지는 않아도 됩니다. 자신이 당면한 현실에서 행동하기로 선택하는 것도 똑같이 중요합니다. 일상의 언행을 유념하면서 자잘한 변화의 기적을 일으키는 것 또한 세상을 바꾸는 일입니다. 나에게 가장 편하고 쉬운 행동의 범주에서 벗어나 조금 더 인내하고 용서하고 관대하고 정직하며 도움을 베풀 때, 그 작은 순간들의 선택들이 모여 인생이 되고 세상을 이룹니다.

개개인의 삶에는 저마다 도전과 난관이 도사리고 있습니다. 발길 닿는 곳마다 갈림길이 기다립니다. 자기한테 편한 길을 선택해야 할까요, 아니면 상대에게 너그럽고 훌륭하고 포용적이고 배려하는 길을 선택해야 할까요? 세상에 편한 길은 없습니다. 반듯하고 평탄해 보이는 길에도 그것만의 함정이 있기 마련입니다. 그러나 예상할 수 있는 길을 택할 것인지, 아니면 더 큰 포용력과 상상력을 요구하는 길을 걸을 것인지의 문제는 남아 있습니다. 출발점은 같을지 모르지만 두 길의 끝은 대단히 다른 목적지로 이어집니다.

내면의 도덕적 나침반이 가리키는 방향을 잘 아는 사

람의 삶은 더 쉽고 더 자유롭습니다. 저는 그 증거를 곧 잘 목격합니다. 이 우주는 마구잡이로 흘러가는 무심한 곳이 아닙니다. 오히려 그 반대입니다. 존재는 공명共鳴 합니다. 우주는 우리가 하는 말과 행동 이면에 있는 의도 에 반응합니다. 우리가 내보낸 것은 결국 우리에게 돌아 옵니다. 세상은 세상 그 자체의 모습으로서 존재하지 않 지요. 세상은 우리의 모습으로서 존재합니다. 그러니 그 안에서 보고 싶은 모습이 있다면 우리가 그런 존재가 되 어야 합니다.

문득 해변을 산책하던 어린 여자아이의 이야기가 떠 오르는군요. 밤새 몰아치던 폭풍우가 물러난 아침, 파도 에 휩쓸려 온 불가사리가 해변에 수도 없이 널려 있었습 니다. 아이는 불가사리를 하나 집어 들어 바다로 던졌습 니다. 또 하나를 주워 그것도 바다로 던졌습니다. 그 모 습을 보던 한 노인이 다가와 말을 걸었습니다.

"꼬마야, 지금 뭐 하니?"

"불가사리를 바다로 돌려보내고 있어요."

"하지만 얘야, 이 해변엔 수십만은 못 되더라도 수만 마리나 되는 불가사리가 널려 있단다. 네가 몇 마리 구해 준다고 별 차이가 있겠니?"

아이는 아랑곳하지 않고 불가사리를 또 집어서 바다로 던졌습니다. 그러고 노인에게 말했습니다.

"쟤한테는 큰 차이가 있죠."

17년이라는 세월을 승려로 살았기에, 저는 강산이 거의 두 번이나 변한 세월을 따라잡아야 했습니다. 읽어야 할 책도, 봐야 할 영화와 텔레비전 프로그램도 잔뜩 쌓여 있었습니다. 몇 번은 용감하게 도전해보기도 했지요. 비교적 최근 작품 중 특별히 제 마음에 들었던 텔레비전 프로그램은 〈스캄Skam〉입니다. 노르웨이 작품인데, 10대 청소년의 관점에서 젊음을 썩 훌륭하게 묘사한 작품이지요. 어른들은 어쩌다 배경에 잠시 등장할 뿐 존재감이 전혀 없습니다.

이 드라마에서 가장 빛나는 등장인물은 바로 '누라'입니다. 겉모습도 예쁘지만 내면은 훨씬 더 사랑스러운 인물이지요. 저는 누라에게 완전히 반했습니다. 누라는 누구라도 친구로 삼고 싶어 할 만한 인물입니다. 우리 중 일부는 실제로 그런 행운을 누리고 있을 것입니다. 항상 여러분을 지지하고 여러분의 편을 들어주는 친구. 여러분을 돕고자 자신의 안전지대에서 멀리, 아주 멀리 벗어

날 준비가 된 친구. 끈끈한 유대로 무조건 신뢰할 수 있
는 친구. 듣고 싶지 않을 때조차 귀를 기울여야 할 말을
들려주는 친구.

누라가 머리를 말리는 장면에서, 거울에 붙은 포스트
잇 메모지가 하나 보입니다. 거기엔 다음과 같은 글귀가
적혀 있습니다.

만나는 사람마다

네가 모르는

전투를 치르고 있다.

친절하라,

그 어느 때라도.

우리가 사는 우주는 무심한 곳이 아닙니다.

우리가 내보낸 것은 결국 우리에게 돌아옵니다.

세상은 세상 그 자체의 모습으로 존재하지 않지요.

세상은 우리의 모습으로서 존재합니다.

그러니 그 안에서 보고 싶은 모습이 있다면

우리가 그런 존재가 되어야 합니다.

토마스 산체스, 「섬 위의 명상 대각선」

떠날 때를 아는 이별

비가 쏟아지던 2018년 9월 어느 날, 바르베리에 있는
병원에 갔을 때 죽음이 제 어깨에 앙상한 손을 얹었습니
다. 그날이 처음은 아니었지요. 실은 몇 달 전인 6월 초
어느 화창한 날 오후, 팔스테르보에 있는 부모님의 여
름 별장에서도 죽음은 그 앙상한 손을 제 어깨에 댔습니
다. 부모님은 문을 열어줄 때면 늘 저를 세상에서 가장
반가운 사람인 양 환영해주었습니다. 그날도 예외는 아
니었지요. 하지만 반갑게 포옹한 뒤에 보니 분위기가 평
소 같지 않았습니다. 아버지가 무겁게 입을 떼는 것이 느

껴졌습니다. "비욘, 너한테 해줄 말이 있단다. 일단 자리에 앉자." 자리에 앉자 아버지는 평소처럼 단도직입적으로 말했습니다. "내가 COPD, 그러니까 만성폐색성폐질환을 앓고 있단다. 시간이 많지 않아. 난 얼마 못 살 거란다."

아버지는 무덤덤하게 할 말만 하고 입을 다물어버렸습니다. 제가 뭐라고 말해야 할 차례였지요. 그 순간 제 안에선 순식간에 폭풍우가 휘몰아치기 시작했습니다. 하지만 아무 말이나 하고 싶지 않았습니다. 잠시 깊은 생각에 빠졌던 저는 이렇게 대답했습니다. "그동안 멋지게 사셨죠." 어쨌거나 아버지는 여든네 번째 해를 보내고 있었습니다. 아버지는 제 말에 무릎을 철썩 치며 맞장구를 쳤습니다. "그래, 너는 알아줄 줄 알았다!" 아버지는 잠시 뜸을 들인 뒤 다시 입을 열었습니다. "그런데 말이다, 비욘. 나는 병원에서 천천히 고통스럽게 죽고 싶지 않단다. 질병이 마수를 뻗치기 전에 끝내고 싶구나."

아버지가 20년 동안 똑같은 얘기를 했기에 딱히 놀랍진 않았습니다. 아버지는 당신 인생이 더 살 가치가 없다고 느껴지면 그 생을 끝낼 권리가 있다고 늘 주장해왔습니다. 승려 시절엔 어떤 상황에서도 스스로 목숨을 끊는

281

행위를 부추길 수 없다는 계율 때문에 아버지의 입장을 지지할 수 없었습니다. 하지만 지금은 달랐지요.

병이 심각하게 진행될 때까지 남은 시간은 많지 않았습니다. 스웨덴에서는 안락사가 불법이므로 형제들과 저는 아버지의 뜻을 이뤄주려고 서둘러 절차를 알아보았습니다. 우리는 결국 스위스의 어느 기관을 찾았고, 그달 말쯤 날짜를 받았습니다. 아버지는 7월 26일에 바젤Basel에서 의사의 조력으로 고통 없이 죽음을 맞이하기로 했습니다. 막상 날짜를 받아 들자 이루 말할 수 없이 복잡한 기분이 들었습니다. 시간이 왜 그리도 빠르게 흐르던지요. 제게 2018년 여름은 가장 무덥고도 슬픈 계절로 남았습니다. 그 뜨겁고 서글픈 여름을 달래준 상담사의 이름은 스포티파이(음원 스트리밍 서비스)였습니다.

가족들은 바젤까지 스피커를 챙겨 가기로 했습니다. 아버지의 마지막 순간을 함께할 에베르트 타우베Evert Taube의 노래와 스코틀랜드 백파이프 연주곡 등으로 재생 목록을 만들었습니다. 저는 아직 세상이 잠든 시간에 몸을 일으켜 남몰래 슬픔에 잠겼습니다. 종종 컴퓨터 앞에 홀로 앉아 스위스로 떠날 준비를 했습니다. 의료 서류, 여권 사본, 은행 업무, 비행기와 호텔 예약 등을 확인하고 조율하다 지칠 때면 아버지를 위해 준비한 재생 목록에서 노래를 한두 곡 들었습니다. 지금도 백파이프로 연주되는 〈어메이징 그레이스Amazing Grace〉를 들을 때면 목이 메어오고 맙니다. 아버지가 그랬듯 말입니다.

마침내 그날이 왔습니다. 우리는 스위스의 한 호텔에 모였습니다. 어머니, 아버지, 세 형제와 나. 바젤은 스웨덴보다 훨씬 더웠습니다. 우리는 지난 한 달 반 동안 그랬듯 막판까지 두 가지 현실을 오갔습니다. 옛일을 회상하면서 짓궂은 농담을 던지고 한바탕 웃다가 눈앞에 닥친 일을 실감하고 말을 잃은 채 고개를 돌렸습니다. 말로할 수 없는 이야기가 얼굴에 담겨 있었습니다. 아버지는 입을 열 때마다 자꾸만 고맙다는 말을 반복했습니다.

아침 식사를 마치고 나서 택시에 몸을 싣고 바젤 외곽으로 향했습니다. 중앙에 침대가 놓인 쾌적한 방에서 의사가 앞으로 벌어질 일을 차근차근 설명하기 시작했습니다. 그 사이 아버지는 침대에 누워서 팔에 링거를 맞았습니다. 가족끼리 시간을 보낼 수 있도록 의사가 방을 나갔습니다.

우리는 준비해온 음악을 틀었습니다. 스벤 베르틸 타우베Sven-Bertil Taube(에베르트 타우베의 아들)의 목소리가 방을 가득 채웠지요. 지난 한 달 동안 얼마나 울었던지, 더 나올 눈물이 없을 줄 알았습니다. 하지만 아니었지요. 우리는 돌아가면서 흐느꼈습니다. 누가 기대서 울 어깨를 찾으면 다른 누가 빌려주고, 그들이 진정되면 다음 사람에게 똑같이 해주었습니다. 곧 쓰레기통이 눈물 젖은 휴지로 넘쳐났습니다. 아버지만이 침착했습니다.

아버지와 저는 사후에 벌어지는 일을 놓고 늘 의견이 달랐지요. 아버지는 육신의 삶이 끝나면 암흑만이 남는다고 굳게 믿었습니다. 저는 마지막으로 아버지를 안아주면서 귀에 대고 속삭였습니다. "아버지, 혹시라도 이후에 무슨 일이 벌어지거들랑 제가 '거봐요!'라고 말하는 모습을 상상해보세요." 아버지는 껄껄 웃었습니다.

어머니는 노랑 장미꽃 다발을 아버지에게 주며 작별을 고했습니다. 노랑 장미는 아버지가 제일 좋아하는 꽃이었지요. 60년 동안 해로한 두 분은 딱히 무슨 말이 필요치 않았습니다. 서로 고맙다면서 바라보던 두 분의 모습을 저는 절대 잊지 못할 겁니다. 평생 사랑하고 존중하며 사는 부모님을 지켜본 것은 제게 비길 데 없는 호사였습니다. 두 사람은 한 번도 서로를 당연하게 여긴 적이 없었습니다.

의사를 부를 시간이 됐을 때 우리는 아버지의 침대에 둘러앉아 서로를, 아버지를 꼭 붙들었습니다. 의사는 링거 스탠드 뒤에 섰고 아버지는 우리와 한 사람씩 차례로 눈을 맞추었습니다.

그런 다음 아버지는 스스로 주사제의 밸브를 열었습니다.

의사는 아버지가 떠나기까지 30초에서 40초 정도 걸린다고 안내했습니다. 2분이 지났습니다. 그러자 아버지가 의사에게 고개를 돌렸습니다. "이봐요, 크리스티안, 링거에 엉뚱한 걸 넣진 않았겠죠?"

모두 웃음을 터트렸습니다.

다음 순간 강력한 뭔가가 아버지의 눈에 비쳤습니다.

몇 초 뒤 에베르트 타우베의 〈린네아Linnéa〉가 흘러나오는 가운데 아버지 몸에서 모든 근육이 일시에 작동을 멈췄습니다. 죽음은 즉각적이었습니다. 아버지의 온화한 얼굴에서 뜻밖의 표정이 엿보였습니다. 순전한 경이로움이랄까요. 어린아이의 얼굴에서나 보일 것 같은 표정이었습니다. 마치 세상을 떠날 때 이런 일이 벌어질 줄 꿈에도 상상하지 못했던 것 같은 얼굴이었지요.

우리 모두의 삶이 멈춘 것과 같은 고요가 흘렀습니

다. 아무도 무슨 말을 해야 할지 몰랐지요. 무슨 말인들 다 보잘것없게 느껴졌습니다. 결국 누군가가 아버지의 눈을 감겨주었습니다. 어머니는 아버지의 흐트러진 눈썹을 쓰다듬어 주었지요. 우리 중 몇 명은 담요를 사이에 두고 아버지를 토닥였습니다. 방 안은 강렬한 노란색으로 빛났습니다. 장미꽃과 벽지, 커튼, 저 하늘의 태양까지 전부.

얼마 뒤, 저만 남고 어머니와 형제들은 바젤로 돌아갔습니다. 우리 중 누군가는 남아 뒷일을 마무리해야 했고, 스위스에서 마지막 2년 동안 승려로 지냈기에 제 독일어가 그나마 쓸 만했습니다.

아버지의 시신과 단둘이 남았을 때, 저는 촛불을 켜고 세 번 절을 올린 다음 염불을 시작했습니다. 승려 시절 수백 번의 장례를 치르며 고인의 혼을 달래고자 외웠던 것으로 제가 특별히 사랑하는 불경이었습니다. 아들의 마음을 편하게 해주고 싶었던 아버지가 돌아가시기 전에 제게 허락해준 일이었지요. 그 순간 네 개 대륙에 흩어져 있는 아홉 곳의 불교 사원에서도 똑같은 염불이 아버지를 위해 울려 퍼졌습니다.

몹시 거슬리는 한마디

사랑하는 이들 곁에 영원히 머물 수 없음을 진정으로 이해하려면 죽음을 가까이에서 접해야만 하는지도 모릅니다. 물론 머리로는 우리 모두 언젠가 죽으리라는 사실을 잘 알지요. 하지만 그것은 어디까지나 머리에 있는 지식일 뿐입니다. 그 사실을 자기 존재로 깨닫는 것은 인생 전체를 동원해도 이루기 어려운 과업이지요. 그래도 아깝지 않은 가치가 있습니다.

우리가 삶을 당연하게 여기지 않을 때 무슨 일이 벌어질까요? 사랑하는 이들 곁에 영원히 머물 수 없음을 머리로만이 아니라 온몸으로 이해할 때 무슨 일이 벌어질까요? 더는 이만하면 됐다고 믿으며 살아갈 수 없게 됩니다. 그날이 언제인지는 모르지만 우리는 우리에게 의미 있는 모든 사람과 반드시 이별할 것입니다. 그것만이 확실하며 그 외의 나머지는 다 추측이고 가능성입니다. 그 진실이 우리 존재의 일부가 되었을 때, 우리는 다른 사람들에게 그리고 삶 자체에 다가갈 유일한 방식이 존재한다는 것을 깨닫게 됩니다. 바로 다정하게, 다정하게 다가가야 한다는 것입니다.

여러분이 사과 한마디를 전해야 할 사람이 있습니까? 지금이 그 말을 꺼낼 시간입니다.

여러분만이 해줄 수 있는 말 몇 마디를 기다리는 사람이 있습니까? 망설이지 마십시오.

지금이라도 바로잡을 수 있는, 후회스러운 일이 있습니까? 당장 바로잡으면 됩니다.

어쩌면 자기 인생에서 절대 용서할 수 없다고 느끼는 일이 있습니까? 때로는 정말 그런 일도 있습니다. 하지만 가끔은 이렇게 생각해보는 것이 도움이 될지도 모릅니다. 만약 여러분이 그들과 똑같은 DNA와 똑같은 업보와 똑같은 성향을 타고난다면, 여러분이 그들과 똑같은 방식으로 자라고 똑같은 주변 사람들 속에서 똑같은 일을 겪으며 살았다면, 어쩌면 여러분도 그들과 똑같이 행동했을지도 모릅니다.

세상에는 이해의 수준을 넘어선 악이 존재합니다. 제가 지금 이야기하는 건 그런 것이 아닙니다. '평범한' 우리의 삶에서도 악질적이고 양심 없는 행위들이 있습니다. 그런 행위들은 심판받거나 비난받아야 마땅하지요. 그러나 그 행위를 저지른 사람에게까지 완전히 마음을 닫는 건 다른 문제입니다. 사람과 행위를 분리할 줄 알게 될 때 진정 영혼이 멀리 왔다고 말할 수 있습니다. 모든 사람과 모든 것을 따뜻하게 포용하고자 하는 마음 상태는 아름다운 것입니다. 그렇게 되고자 다른 사람에게 너그럽고 부드럽게 대한다고 해서 내가 겁쟁이가 되는 것은 아닙니다. 사람들에게 관대하고 넉넉한 사람이라도 의도적으로 상대가 자기를 속이고 선을 넘는 행동을 할 때 얼마든지 단호할 수 있지요. 사람과 행위는 얼마든지 분리할 수 있습니다.

혹시 이 말이 몹시 신경에 거슬리나요? 절대 다시 받아들일 수 없는 누군가가 이미 존재합니까? 당연히 그럴 수 있습니다. 화해와 용서는 쉬운 일이 아닙니다. 하지만 차분한 상태에서 그 분노와 미움이 자신에게 어떤 영향을 끼치고 있는지 돌아보았으면 합니다. 여러분의 마음을 누군가에게서 완전히 닫아버릴 때 무슨 일이 일어날까요? 적어도 상대는 겉으로 보기에는 아무렇지도 않을 겁니다. 하지만 여러분은요? 여러분의 세상은 분명히 더 좁아졌을 겁니다. 지금 여러분의 마음에 억울함의 씨앗을 심은 것입니다. 누군가를 밀어내려면 마음 어딘가에서 그 사람에 대해 끊임없이 생각해야만 합니다. 그러다 보면 억울함은 점점 자라 상대에게는 조금도 영향을 미치지 못하고, 어느새 자신을 망가뜨리는 지경에 이르게 될 겁니다.

제2차 세계대전이 끝나고 나서도 남태평양제도에 남았던 일본의 잔병 일부는 전쟁이 끝났다는 것을 절대 믿지 않았다고 합니다. 그중 몇몇은 종전 후에도 수십 년이나 자기 자리를 지키며 무기를 거두지 않았지요. 전쟁이 끝났다는 속임수에 절대 당하지 않겠다고 굳게 결심했던 겁니다. 그 무엇도 그들을 설득할 수 없었습니다.

우리도 종종 그와 같습니다. 전쟁에 너무나 집중한 나머지 백기를 보지 못하지요. 하지만 결국에는 전쟁이 끝났다는 걸 깨닫는 순간이 옵니다. 그때가 되면 이미 너무 긴 세월이 지났을지도 모릅니다. 우리에게 가장 중요한 것은 자기 자신과 화해하는 겁니다. 거기에 도달하면 갑자기 굉장히 많은 것들이 알아서 제자리를 찾아갈 겁니다.

'전쟁이 끝났다. 백기를 흔들라.' 화해는 그때부터 시작됩니다. 다른 사람이 먼저 용서하거나 화해를 청하기까지 기다린 다음 나아갈 순 없습니다.

모든 것은 여기에서 시작됩니다. 그리고 끝납니다.

용서라는 말을 생각하면 출가 초기에 겪었던 사건이 하나 떠오릅니다. 부당함을 겪었을 때 느끼는 억울함과 분노가 어떻게 작동하며, 그런 감정을 어떻게 놓을 수 있는지를 보여주는 일화이지요.

매년 1월 우리 사원의 설립자이자 널리 존경받는 아잔 차 스님을 추모하는 행사가 열렸습니다. 전통에 따라 우리는 큰 스님의 기일을 매년 기념했습니다. 아잔 차 스님은 제가 사원에 도착한 지 열이틀 만에 돌아가셨지요. 이 행사는 세계 각국으로 퍼졌고, 해마다 여러 나라에서 승려들이 찾아와 우리와 함께 의식을 치렀습니다. 참석자 중에는 영국에서 오는 한 원로 승려도 있었는데, 모두

가 거리끼는 분이었습니다. 그분이 도착할 날짜가 다가오자 스승은 다음과 같은 말로 우리를 다독였지요. "자, 그 스님께 5성급 대우를 해드립시다. 우리와 함께 지내는 며칠 동안 존경받는 스승이라 느끼게 해줍시다."

스승님의 제안은 그럴듯하게 들렸습니다. 아무리 괴팍한 사람이라 해도 단 며칠을 다정하게 대하는 것이 그리 어려울까요. 그래서 우리는 온 힘을 기울이기로 했고 실제로 그렇게 했습니다.

어느 날 밤 저는 오두막 앞에서 그분의 발을 마사지해주었습니다. 숲속 승려 사이에서는 마사지 문화가 발달해서 곧잘 서로의 발을 주물러주었지요. 주로 젊은 승려들이 원로들의 발을 주물러주었습니다. 그들과 어울리며 이야기를 나누고 고귀한 지혜를 얻으려는 구실이기도 했습니다. 서양 승려들은 대개 처음에는 누군가의 발을 만진다는 사실을 어색해했지만 신체 접촉이 많은 문화에서 살아온 태국인에게는 꽤 자연스러운 일인 것 같았습니다.

어느 날 한번은 태국인인 아잔 차 스님이 원로 승려인 아잔 수메도 스님에게 출가 전에 아버지의 발을 주물러드렸냐고 물어보았다고 합니다. 1934년 미국에서 태어난 아잔 수메도 스님은 펄쩍 뛰면서 외쳤습니다. "그럴 리가

요!"그러자 아잔 차 스님은 차분하게 대꾸했습니다. "그래서 당신네는 문제가 그렇게 많은가 봅니다."

그리하여 저도 작은 천과 마사지 오일, 직접 만든 '발 전용' 마사지 봉을 챙겨 들고 영국에서 온 스님의 오두막 앞에 앉아 있었던 것입니다. 그러고 스님의 발을 마사지하면서 이런저런 이야기를 나누었지요. 영국인 스님은 자신이 모셨던 여러 스승과 자신이 겪었던 다양한 모험 이야기들을 들려주셨습니다. 재미있게 이야기를 듣던 중 한 사람의 이름이 언급되면서 분위기가 바뀌었습니다. 그분은 숲속 수행의 전통에 따라 수행하는 또 다른 원로 승려였습니다. 영국 스님은 몹시 억울하고 성난 목소리로 그 스님이 오래전에 잘못한 일과 그것이 얼마나 지독하게 부당한 일이었는지 말하기 시작했습니다. 젊고 순진했던 저는 이렇게 말해버렸습니다. "그랬군요. 하지만 22년 전 일이잖습니까. 이젠 그만 내려놓을 때가 되지 않았나요?"

이쯤에서 충고 한마디 하겠습니다. 화난 사람에게 절대로 내려놓으라고 말해서는 안 됩니다. 그 말이 통하지 않는 건 물론이고 오히려 상대를 자극할 뿐이니까요. 내려놓으라고 말해야 할 상대는 자기 자신뿐입니다. 그때만 유일하게 효과가 있지요. 당시의 저는 이 교훈을 아직 익히지 못했던 터였습니다. 제 말은 당연히 의도한 효과를 발휘하지 못했습니다. 영국 스님의 분노를 먼지만큼도 가라앉히지 못했거든요. 아마 조금 더 키웠겠지요.

영국인 스님의 오두막에서 물러난 뒤, 저는 조금 전 상황을 차분히 돌아보았습니다. 그분은 22년 전 겪었던 부당함을 날마다 곱씹으며 상기했던 것이 아닐까요. 아니면 그처럼 어제 일인 양 생생하게 기억할 수 없을 것 같았습니다. 스님의 억울함은 언제나 온라인이어서 하루 24시간 일주일 내내 클릭 한 번이면 즉시 되살아났던 것입니다.

여기서 한 가지 주목해야 할 가치가 있습니다. 이 일화는 용서가 어떻게 자유를 얻는 비결일 수 있는지를 보여줍니다. 이미 벌어진 일을 수용해야 하는 것은 단지 더 훌륭한 사람이 되기 위해서가 아닙니다. 수용의 태도가 우리의 마음에 어떤 감정이 머물게 할 것인지, 그리하여 우리의 정신을 어떻게 건강하고 온전하게 지킬 것인지를 결정합니다.

숲속 사원에서 제가 아주 좋아하는 사람 중 태국인인 루앙 폰 둔Luang Por Doon 스님이 있었습니다. 스님은 대단히 총명했고 명상에도 조예가 깊었지요. 당시 태국 국왕과 왕비도 루앙 폰 둔 스님의 제자여서, 보시하고 이야기도 나누고자 정기적으로 사원까지 찾아왔습니다. 한번은 국왕이 스님에게 정중한 목소리로 물었습니다. "루앙 폰 둔 스님도 화난 적이 있습니까?" 불교에서 평정심은 때로 깨달음의 척도처럼 여겨지기에 다소 민감한 질문이었습니다. 감정에 쉽게 휩쓸리지 않고 큰일 앞에서도 동요하지 않는 이들은 존경의 대상이었습니다. 루앙 폰 둔 스님은 "미, 디태 마이 아오_{Mee, dtä mai aow}"라고 대답했습니다. "화가 나긴 하지만, 그 화는 아무것도 차지하지 못합니다"라는 뜻이지요.

이 이야기는 우리의 내면이 떠오르는 모든 감정을 품을 만큼 매우 깊고 넓을 때 삶이 어떤 모습일지 보여줍니다. 그렇다고 어둡고 부정적인 감정을 모두 피하라는 말이 아닙니다. 다만 그런 감정이 곧 우리 자신이라고 믿지 않길 바랍니다. 그것이 내면을 전부 차지하고 물들이게 두지 말길 바랍니다. 그런다면 분노나 억울함도, 시기와 미움도 더는 우리를 해치지 못하고 곧 후회할 일을 저지르게 하지도 못합니다.

원래 그랬던 것이다

사람들은 제가 살아온 이야기를 듣고 간혹 이렇게 반응합니다. "정말 많은 배움과 깨달음을 얻으셨겠군요!" 제가 뭘 많이 배웠는지 모르겠지만, 딱히 시공을 초월하는 지혜의 보따리를 이고 다니는 건 아닙니다. 오히려 그 반대인 것 같습니다. 저는 그 어느 때보다 홀가분하게 살아가고 있습니다. 저를 점점 줄이고 삶을 위한 공간을 더 넓히고 있습니다. 그랬더니 조금은 더 현명해지는 것 같기도 합니다. 하지만 토끼처럼 똑똑해지는 것은 아니고 곰돌이 푸를 닮아가는 것이지요. 요즘엔 삶에 폭풍우가 몰아칠 때 저는 단지 그 순간을 그대로 알아차리려 할 뿐입니다. 괴롭고 부정적인 감정을 거부하려는 마음을 최대한 내려놓습니다. 대신 기꺼이 받아들이고 어떻게든 헤쳐 나가려 애씁니다. 『무민 가족』에 나오는 무민파파처럼 일렁이는 바다를 보면서 이렇게 외치지요. "애들아, 폭풍우가 밀어닥치고 있어. 얼른 배 타러 나가자!"

제가 들을 수 있는 더 현명한 목소리가 있음을, 삶을 통제하려 애쓰는 대신 삶과 함께 춤출 수 있음을 점점 더 이해하게 되었습니다. 두려운 마음에 주먹을 불끈 쥐기보단 손을 활짝 펴고 인생을 살아갈 수 있음을 진심으로 이해하게 되었습니다. 하지만 제가 말하는 지혜를 구하려면 17년 동안 승려로 살아야 한다는 인상을 주고 싶진 않습니다. 누구든 그보다 훨씬 더 가까운 데서 지혜를 얻을 수 있습니다. 힌두교에 다음과 같은 격언이 있지요. '신은 당신이 절대 찾지 않을 만한 장소에 가장 귀한 보물을 숨겨두었다. 바로 당신의 주머니다.'

태국 사원에 머물 때 이 격언을 떠올리게 하는 이야기를 들었습니다. 어느 날 저녁 좌선을 마친 뒤 아잔 자야사로 스님이 즉석 설법을 시작했습니다. 스님은 일주일에 한두 번 재미있는 이야기를 들려주곤 했습니다. 그날 밤엔 BBC 기자가 태국 국왕을 인터뷰한 이야기를 들려줬습니다. 영국인 기자는 국왕에게 서양 기독교의 원죄 개념을 어떻게 생각하느냐고 물었습니다. 그러자 국왕은 다음과 같이 대답했습니다.

"불교도로서 우리는 원래의 죄original sin가 아닌 원래의 순수original purity를 믿습니다."

명상 방석에 앉아 그 이야기를 듣는 순간 저는 전율에 휩싸였습니다. 제 안의 목소리가, 제가 부족하고 기대에 미치지 못하는 사람이라고 자꾸만 속삭이던 그 목소리가 정말로 틀렸다면 어떨까요?

그 반대로 수많은 영적, 종교적 전통에서 늘 주장했던 것이 옳다면 어떨까요? 실은 인간의 절대 부서지지 않는 부분, 인간의 어떤 핵은 온전하고 순수한 것이라면요? 그것들은 항상 그러했습니다. 앞으로도 항상 그럴 것이고요.

집으로 돌아가는 길

이 책을 쓰는 지금 스웨덴은 물론이요, 세계 곳곳에서 코로나바이러스가 급속도로 번지고 있습니다. 제 병을 생각하면 완전한 격리가 답인 것 같습니다. 그 덕분에 제가 제일 좋아하는 영국의 아잔 수시토 스님과 2주에 한 번씩 영상통화를 하게 됐으니 꼭 나쁘지만은 않습니다. 요전번엔 스님이 남아프리카의 단편 소설을 한 편 읽어 주었습니다. 소설은 서로 모르는 두 사람이 상대를 향해 따스한 관대함을 베푸는 장면으로 끝을 맺습니다.

세상 누구보다 마음이 넓은 아잔 수시토 스님에게 들

으니, 더욱 깊은 감동을 받았습니다. 저는 눈물을 흘리면서 가까스로 대략 이런 말을 주절거렸던 것 같습니다. "요즘 같은 세상에는 그런 관대한 몸짓만큼 소중한 것이 없는 것 같습니다."

아잔 수시토 스님이 차분하게 대답했습니다. "요즘에만 그런 게 아니라 항상 그렇지. 단지 전염병으로 피상적인 측면이 한 꺼풀 벗겨지면서 요즘엔 훨씬 더 분명해진 거라네."

'지금 제게 정말로, 진실로 중요한 것은 무엇일까요?' 제 상황에선 이 질문이 특별히 더 절박하게 다가옵니다.

제일 먼저, 남들을 기쁘게 하는 것이 덜 중요해졌습니다. 예전에는 그러고 싶지 않을 때조차 저도 모르게 늘 그것부터 챙기곤 했지요.

반면에 고마운 마음을 표현하는 것은 너무도 중요해졌습니다. 대다수 사람이 저와 같기 때문입니다. 다른 이들이 자신을 얼마나 소중히 여기고 있는지를 잘 모르지요.

상황이 어땠으면 좋겠는지 또는 어떻게 될지를 곱씹는 대신 매 순간 바로 지금, 바로 여기에서 사는 것 또한 어느 때보다 중요해졌습니다.

만나고 어울리는 사람의 반경 또한 대폭 줄어들었습니다. 이젠 저와 아주 가까운 사람들에게 더 집중하지요. 제가 그들을 얼마나 좋아하는지를 그들이 확실히 알았으면 좋겠습니다.

노는 것은 점점 더 중요해졌습니다. 제 의견을 주장하는 건 이제 그다지 중요하지 않지요. 전설적인 태국의 숲속 승려, 아잔 차 스님은 예전에 다음과 같은 질문을 받았습니다. "스님의 서양인 제자들을 깨달음으로 이끄는 데 가장 큰 걸림돌은 무엇입니까?" 예리한 통찰력의 소유자인 스님은 딱 한 단어로 답변했습니다. "의견이죠."

저 자신과 좋은 친구로 지내는 것도 더없이 중요해졌습니다. 지금은 여러모로 힘든 상황이 펼쳐지고 있습니다. 그러니 자신에게 다정히 귀를 기울여야 합니다. 자신에게 친절히 말해야 합니다. 기분 좋은 날 남들을 대하듯 자신에게 인내심을 발휘해야 합니다. 좀 더 익살스럽고 재미있게 다가가야 하지요.

엘리사베트와 함께 아침마다 하는 명상도 소중합니다. 숨을 내쉬면서 생각을 내려놓습니다. 숨을 들이마시면서 태어나기 전부터 제 안에 있었고 저의 나머지 부분이 죽더라도 존재할 그 무엇을 천천히 받아들입니다.

무엇인지도 모르면서 평생 갈망해왔던 그 무엇입니다. 기억을 가능한 한 거슬러 올라가 보면 그때부터 마치 누군가가 저 몰래 제 어깨에 앉아 "집으로 돌아와!"라고 속삭이는 듯했습니다.

그렇다면 집으로 돌아갈 길을 어떻게 찾을 수 있을까요? 제가 지금껏 보기에 이 질문에 대한 최고의 답변은 마이스터 에크하르트Meister Eckhart에게서 나왔습니다. 에크하르트는 14세기 초 독일에서 활동했던 사제인데, 깨달음을 얻은 이로 널리 알려졌지요. 하루는 주일 설교가 끝난 뒤 나이 지긋한 신도가 에크하르트에게 다가가 말했습니다. "마이스터 에크하르트, 당신은 분명히 하느님을 만났죠. 나도 당신처럼 하느님을 알 수 있게 도와주세요. 그런데 내 기억력이 흐려지고 있으니 아주 간결하게 알려줘야 합니다."

"예, 아주 간단합니다." 마이스터 에크하르트가 대답했습니다. "제가 만난 식으로 하느님을 만나려면, 누가 당신의 눈을 통해 내다보는지 온전히 이해하면 됩니다."

승려로 산 지 몇 년 안 됐을 때, 어느 날 오후 저는 밀림의 대나무 오두막 밖에서 행선을 하고 있었습니다. 산책로를 따라 걷는데, 아잔 브람Ajahn Brahm 스님의 설법이 들렸습니다. 스님은 죽음에 대해 이야기하다 어느 시점에 이렇게 말했습니다. "내 마지막 순간이 왔을 때, 레드 제플린의 신나는 콘서트가 끝나고 흥에 겨운 채 시원한 밤공기 속으로 나서는 기분이었으면 좋겠습니다." 저는 스님의 말이 무슨 뜻인지 정확히 알았습니다. 예상보다 빨리 마지막 순간에 다가가는 지금, 제 기분은 그와 비슷합니다. 감사하게도 저는 일말의 후회나 걱정 없이 제 삶을 돌아볼 수 있습니다. 그 경이로움과 고마움은 정말 말로 다 할 수 없지요.

정말 멋진 모험이었어! 내가 이렇게 많은 경험을 할 줄 누가 생각이나 했겠어?! 한 생애에 세 사람의 삶을 살았던 것 같아.

어떻게 항상 나보다 더 마음이 넓은 현명한 사람들과 어울릴 수 있었을까?

그간에 저질렀던 온갖 경솔하고 때로는 위험하기까지 했던 일들을 생각하면, 어떻게 이 정도의 고생만 겪고 살아갈 수 있었던 걸까?

도대체 왜 이렇게나 많은 사람이 나를 이렇게나 많이 좋아

해줄까?

별다른 계획을 세우지도 않았는데, 어떻게 모든 일이 이토
록 잘 풀릴 수 있었던 걸까?

예전에 루앙 폰 쭌Luang Por Jun이라는 이름의 현명하고
사랑스러운 스님이 있었습니다. 스님은 삶의 끝자락에
이르렀을 때, 유난히 치명적인 간암을 선고받았습니다.
생존 가능성이 희박했지요. 그런데도 주치의는 스님에게
방사선 치료와 화학요법, 수술까지 포함된 길고 복잡한
치료 계획을 제시했습니다. 의사가 말을 마쳤을 때, 루앙
폰 쭌 스님은 함께 온 승려에게 태연한 목소리로 말했습
니다. "의사는 죽지 않나 봐?"

저는 이 이야기를 듣고 한 번도 잊은 적이 없습니다.
제 심금을 울렸거든요.

왜 우리 문화권에서는 죽음과 싸우고, 죽음에 저항하
고, 죽음을 부정하는 것을 영웅적이라고 묘사할까요? 죽
음은 왜 늘 무찔러야 할 적이나 모욕으로, 실패로 그려질
까요? 저는 죽음을 삶의 반대라고 생각하고 싶지 않습니
다. 오히려 탄생의 반대에 더 가깝지요. 증명할 순 없지
만, 저는 늘 죽음 저편에 뭔가가 있다는 확신을 느껴왔습

니다. 때로는 뭔가 경이로운 모험이 저를 기다린다는 느낌마저 들지요.

숨을 거둘 날이 오면, 그날이 언제든 저더러 싸우라 하지 말아주세요. 오히려 제가 다 내려놓을 수 있도록 어떻게든 도와주길 바랍니다. 제 곁을 지키며 다 괜찮을 거라고 말해주세요. 우리가 감사해야 할 것들을 다 기억할 수 있게 도와주세요. 때가 됐을 때 제가 늘 원했던 끝이 어떤 것인지 기억할 수 있도록 당신의 열린 손바닥을 보여주세요.

엘리사베트, 그때 아직 내 곁에 누워 있지 않다면 얼른 침대에 올라와서 나를 안아주구려. 그리고 내 눈을 바라봐요. 내가 이생에서 마지막으로 보는 게 당신의 눈이었으면 좋겠소.

두려움도 망설임도 없이

1월 17일 한낮이었습니다. 저는 사랑하는 이들에게 둘러싸여 바다를 바라보고 있었습니다. 주어지는 음료를 한 잔 마시고 조용히, 평화롭게 잠들었습니다. 두려움도 망설임도 없이.

미리 알리지 않아 미안합니다. 모든 것이 제가 원하던 그대로였습니다.

저는 며칠 전에 그랬듯 여전히 제가 죽는 순간 가장 먼저 안도감을 느낄 것이라고 확신합니다. 이 가여운 몸은 드디어 더 이상 싸우지 않아도 되는 겁니다. 다정한 몸이여, 싸워주어 고맙소. 싸움은 드디어 끝났습니다.

그다음에는 분명히 경이를 느끼게 되겠지요. 지난 30년간 저는 이 순간과 그다음에 따를 일들을 준비한 것이나 다름없지만, 그런데도 깜짝 놀라게 될 겁니다.

죽음 뒤에 사라질 그 모든 것을 내려놓거나 적어도 살짝만 쥐고 살아가세요. 영원히 남을 것은 우리의 업이지요. 세상을 살아가기에도, 떠나기에도 좋은 업보만을 남기길 바랍니다.

이제 저는 축복받은 자의 기쁨을 느끼며 어떤 예측도 불허하는 모험을 떠납니다. 걱정도, 의심도 더 이상 없습니다.

당신의 존재가 햇볕처럼 따뜻했습니다.
온 마음으로 감사합니다.

토마스 산체스, 「분홍빛 오후의 자화상」

그림 **토마스 산체스**
Tomás Sánchez

1948년에 쿠바에서 태어났다. 산 알레한드로 조형예술학교에서 수학한 그는 1980년 호안 미로 상을 수상했으며 현재 남아메리카 최고의 화가 중 한 사람으로 꼽힌다. 정밀하고 이상화된 풍경화로 가장 잘 알려진 그는 종종 독일 낭만주의 풍경화의 거장 카스파 다비드 프리드리히에 비견되지만 자연에 대한 극히 정교하고 생생한 묘사는 그만의 고유한 화풍이다. 2003년 노벨문학상 수상자 가브리엘 가르시아 마르케스가 토마스 산체스의 작품 세계에 대한 해설서를 출간하기도 했다.

그는 자연과 동양 철학을 핵심적인 영감의 원천으로 지목한 바 있으며 수십 년간 명상을 수행해왔다. 순수하고 거대한 자연과 그 안에 공존하는 지극히 작은 인간의 모습을 담는다. 그의 풍경화들은 특유의 정교함에도 불구하고 극사실주의적이라기보다는 마술적 리얼리즘에 가깝다고 평가된다. 가브리엘 마르케스는 이렇게 말했다.

"아무도 토마스 산체스의 마법에서 도망칠 수 없다. 그의 작품은 알면 알수록 사랑하게 되며, 이 세상이 산체스의 화폭을 닮아야 한다고 확신하게 된다."

표지   토마스 산체스, 「경배Adoración」(부분), 리넨에 유채, 200×250cm, 2021년 ©Tomás Sánchez

본문

19쪽   토마스 산체스, 「바다 위의 구름Nubes sobre el mar」, 종이에 템페라, 56.2×37.1cm, 2004년 ©Tomás Sánchez

옮긴이 박미경

고려대학교 영문과를 졸업하고 건국대학교 교육대학원에서 교육학 석사 학위를 취득했다. 외국 항공사 승무원, 법률회사 비서, 영어 강사 등을 거쳐 현재 바른번역에서 전문 출판번역가이자 글밥아카데미 강사로 활동하고 있다.

옮긴 책으로 『탁월한 인생을 만드는 법』, 『인생의 마지막 순간에서』, 『나를 바꾸는 인생의 마법』, 『혼자인 내가 좋다』, 『완벽한 날들』, 『아서 씨는 진짜 사랑입니다』, 『살인 기술자』, 『포가튼 걸』, 『프랙처드』, 『언틸유아마인』, 『프랑스 여자는 늙지 않는다』, 『제인 오스틴에게 배우는 사랑과 우정과 인생』, 『내가 행복해지는 거절의 힘』, 『행복 탐닉』 등이 있다.

내가 틀릴 수도 있습니다

초판 1쇄 발행 2022년 4월 18일
초판 81쇄 발행 2024년 9월 13일

지은이 비욘 나티코 린데블라드, 카롤린 방클러, 나비드 모디리
옮긴이 박미경
펴낸이 김선식

경영총괄 김은영
콘텐츠사업본부장 임보윤
기획편집 김한솔   **책임마케터** 이고은
콘텐츠사업3팀장 이승환   **콘텐츠사업3팀** 김한솔, 권예진, 이한나
마케팅본부장 권장규   **마케팅2팀** 이고은, 배한진, 양지환   **채널2팀** 권오권
미디어홍보본부장 정명찬   **브랜드관리팀** 오수미, 김은지, 이소영
뉴미디어팀 김민정, 이지은, 홍수경, 변승주, 서가을
지식교양팀 이수인, 염아라, 석찬미, 김혜원, 백지은, 박장미, 박주현
편집관리팀 조세현, 김호주, 백설희   **저작권팀** 이슬, 윤제희
재무관리팀 하미선, 윤이경, 김재경, 임혜정, 이슬기
인사총무팀 강미숙, 지석배, 김혜진, 황종원
제작관리팀 이소현, 김소영, 김진경, 최완규, 이지우, 박예찬
물류관리팀 김형기, 김선민, 주정훈, 김선진, 한유현, 전태연, 양문현, 이민운
외부스태프 디자인 studio forb   교정 김계영

펴낸곳 다산북스   **출판등록** 2005년 12월 23일 제313-2005-00277호
주소 경기도 파주시 회동길 490   **전화** 02-704-1724   **팩스** 02-703-2219
이메일 dasanbooks@dasanbooks.com   **홈페이지** dasan.group   **블로그** blog.naver.com/dasan_books

종이 스마일몬스터   **인쇄·제본** 한영문화사   **코팅·후가공** 평창피앤지

ISBN 979-11-306-8989-0 (03100)

다산북스(DASANBOOKS)는 책에 관한 독자 여러분의 아이디어와 원고를 기쁜 마음으로 기다리고 있습니다.
출간을 원하는 분은 다산북스 홈페이지 '원고 투고' 항목에 출간 기획서와 원고 샘플 등을 보내주세요.
머뭇거리지 말고 문을 두드리세요.